LUTHERS
Paradiesgarten

Elke Strauchenbruch

LUTHERS PARADIESGARTEN

EVANGELISCHE VERLAGSANSTALT
Leipzig

ELKE STRAUCHENBRUCH,
Jahrgang 1956, studierte in Leipzig Geschichtswissenschaften
und spezialisierte sich schon früh auf alltagsgeschichtliche
Themen des 16. Jahrhunderts. Seit 1979 lebt sie in der Luther-
stadt Wittenberg. Dort arbeitete sie erst als wissenschaftliche
Mitarbeiterin am Lutherhaus und ab 1990 als selbständige
Buchhändlerin und Antiquarin. Heute ist sie als freiberufliche
Autorin und als Gästeführerin tätig. Ihre Bücher erscheinen
seit 2010 in der Evangelischen Verlagsanstalt Leipzig. Frau
Strauchenbruch hat einen Sohn und zwei Enkelkinder.

Bildnachweis

akg-images GmbH: S. 10, 63, 130, 135
Archiv Strauchenbruch: S. 11, 15, 17–19, 22, 25, 27f., 32, 42, 46, 49, 55, 60, 64, 67,
69, 71, 79, 81, 84, 86f., 93f., 99, 101–104, 106f., 109, 114f., 118f., S. 121, 127f., 132f.
Fotostudio Kirsch, Wittenberg: S. 4
Stiftung Luthergedenkstätten: S. 39, 52, 59

Bibliographische Information der Deutschen Nationalbibliothek
Die Deutsche Nationalbibliothek verzeichnet diese Publikation in der
Deutschen Nationalbibliographie; detaillierte bibliographische Daten
sind im Internet über http://dnb.dnb.de abrufbar.

© 2015 by Evangelische Verlagsanstalt GmbH · Leipzig
Printed in EU · H 7851

Das Buch wurde auf alterungsbeständigem Papier gedruckt.

Gesamtgestaltung: Ulrike Vetter, Leipzig
Druck und Binden: GRASPO CZ a.s., Zlin

ISBN 978-3-374-03802-2

www.eva-leipzig.de

Inhalt

1

Luthers Garten

Will ich ein Gärtner werden

Ich habe einen Garten gepflanzt, einen Brunnen errichtet und beides mit rechtem Erfolg. Komm' und Du wirst mit Lilien und Rosen bekränzt werden,[1] mit diesen Worten lud Martin Luther am 17. Juni 1526 seinen Freund Georg Spalatin zu einem Besuch in seinem Hause in Wittenberg ein.

Als Martin Luther die Einladung verfasste, war er 42 Jahre alt, seit einem Jahr mit Katharina von Bora verheiratet und seit einigen Tagen Vater eines Sohnes. Nach mehr als 20 Jahren Klosterzeit, der Hälfte seines bisherigen Lebens, galt es nun, ein bürgerliches Leben zu führen und sich selbst zu versorgen. Für Luther und seine Frau Katharina war das alles andere als selbstverständlich, da er als ehemaliger Mönch und sie als entlaufene Nonne sich um derlei bisher nicht kümmern mussten.

Im Allgemeinen wird an dieser Stelle auf die ungemein tüchtige Lutherin verwiesen, die sich in Haus und Hof, auf ihren Gütern und in ihren Gärten hervortat. Luther habe sich mit Alltagskram nicht befasst. Katharina habe ihm immer den Rücken freigehalten, hört man. Doch wir kennen gerade aus der Anfangszeit seiner Ehe und dann um das Jahr 1538 besonders viele Aussagen des Reformators über den Garten und die Natur. Auch hier hatte er zum Teil

Luther und seine
Frau Katharina
kurz nach ihrer
Hochzeit,
Gemälde von
Lucas Cranach,
1525 (Basel)

hervorragende Kenntnisse, und er genoss Natur und Garten
als Wunderwerk Gottes und Abbild des Paradieses. Damals
war man auch in der Stadt möglichst Selbstversorger und
wusste, wollte man zu essen haben, muss man in Feld und
Flur, Stall, Garten und Küche hart arbeiten.

Wann Martin Luther sich erstmals der Gartenarbeit widmete, ist nicht mehr festzustellen. War es schon im Elternhaus in Mansfeld oder auf einer seiner späteren Ausbildungs-
etappen? Seine Eltern hatten einen Garten, in dem sie Heilpflanzen und Gemüse zum Eigenbedarf zogen. Martinus
genoss seit dem Besuch der Mansfelder Lateinschule Natur-
kundeunterricht – sein naturwissenschaftliches Wissen ging
also noch weit über das vom Vater erlernte Wissen über die
unbelebte Welt und die positive Einstellung der Bergleute
zur Technik hinaus. Als Bergmannskind war er sein Leben
lang der Natur und Technik gegenüber ungewöhnlich auf-
geschlossen. Er wusste um den Wert des Natürlichen als
Schöpfung Gottes und kannte den Vorzug naturgemäßen
menschlichen Handelns gegenüber unnatürlicher Askese, wie
er sie sich selbst im Kloster zugemutet hatte. Der Familienvater war entschlossen, sein Leben zu genießen, denn: *Kann
mir unser Herr Gott das schenken, dass ich wohl zwanzig Jahr*

gekreuziget und gemartert mit Meßhalten, so kann er mir das Sauerampfer
auch wohl zugute halten, dass ich bisweilen einen guten Trunk im Kräuterbeet
tue ihm zu Ehren; Gott gebe, die Welt lege es aus, wie sie wolle.[2]

Zum 1503 gegründeten Wittenberger Augustinereremi-
tenkloster gehörte ein kleiner Klostergarten. Johann von Stau-
pitz schlug Luther angeblich unter einem Birnbaum auf dem
Klostergelände vor, den Doktorhut zu erwerben und seine
Bibelprofessur zu übernehmen. Noch deutlicher wurde
Luthers ehemaliger Tischgenosse Johannes Mathesius. Der

11

erzählte in seiner zwölften Predigt über das Leben des Reformators, Luther habe im Sommer 1520 durch eine *sehr geschwinde Zeytung* erfahren, dass der Papst ihn mit dem Bann belegt habe. Das habe Luthers damaliger Klosterprior, Magister Eberhard Brisger, ihm einmal erzählt. Luther hätte daraufhin im Garten gesungen und gemeint, der Bann sei nicht seine Sache, sondern die Gottes.[3]

Wo befand sich der Klostergarten? Luther beschreibt die Lage eines Gartens 1542 in der *Hausrechnung*[4]: *... auff der gassen fur meiner thur, Der des klosters gewesen ist, so weit (als der garten herauspricht bey dem prawhaus, vnd wol) als Rymers Heuslin an dem thor heraus reicht vnd herauff bis zu Ende Braunens haus.* – Da die beiden Flügel des Augusteums erst nach Luthers Tod gebaut wurden, dürfte sich der Garten hier auf der Westseite des Grundstücks zur Straße hin befunden haben. Auf der Ostseite stand noch die inzwischen baufällige Kirche des ehemaligen Hospitals, um die herum bis ins 15. Jahrhundert Verstorbene bestattet worden sind, wie sich kürzlich bei Ausgrabungen zeigte.

Wer hat sich um den Garten gekümmert und Gießwasser herangeschleppt, als bis auf den Prior Brisger und Luther alle Mönche das Kloster verlassen hatten? Personal konnten sich die beiden Mönche wegen der kaum noch einzutreibenden Einkünfte und Fronarbeiten nicht mehr leisten. Beide lebten in dieser Zeit recht spartanisch.

Renteneinkünfte des Augustinerklosters Anfang 1522:[5]

Aus Dabrun von Günther von Staupitz	122 fl 12 gr
Aus Motterwitz und Muschau v. Christoph v. Brösen	90fl
Aus Polditz von Appel von Arras	27 fl
Von denen v. Hayn und v. Moltzan bei Neustadt	5fl
Summe	244fl 12gr

Auch Luther lernte die überall infolge der Reformation einsetzenden Probleme der Kirchen und Klöster aufgrund der Abgabenverweigerungen kennen. Am 13. Oktober 1522 beschwerte sich der Dekan des Kleinen Chores der Schlosskirche, Lorenz Schlamau, bei Kurfürst Friedrich über den Rückstand der Augustinerzinsen. Darauf begründete Luther das mit den ausstehenden Zahlungen durch Johann von Staupitz d. J. auf Dabrun. Viele kleine Adelige, die selbst wirtschaftliche Probleme hatten, nutzten die Gunst der Stunde und blieben ihren Zahlungsverpflichtungen kirchlichen Einrichtungen gegenüber schuldig. Friedrich versprach dem Kloster Hilfe, damit es seine Schulden begleichen könne und stiftete ihm am 11. November 1522 40 ßo. 55 gr. mit den Dörfern Dabrun und Kleinzerbst sowie die wüste Mark Rötzsch bei Dabrun. Laut Amtsrechnung von 1503 bis 1505 gehörten zum Vorwerk Dabrun 451 Schafe, etwa 100 Stück Rindvieh, 25 Schweine, 90 Hühner, acht Gänse und Vorräte an Getreide und Erbsen.[6] Alles ging nun an das neue Kloster und wurde 1524 von Luther nach Auflösung des Klosters zurückgegeben. Bis 1528 und 1533 erste Kirchenvisitationen im Kurkreise stattfanden, ging es auf den ehemaligen Klostergütern mit der Landwirtschaft bergab. Zu der in der Elbaue gelegenen Pfarrei Dabrun gehörten zwei Dörfer: Dabrun mit 13 Hufnern und neun Kossäten und Melzwig mit acht Hufnern und drei Kossäten. Man protokollierte, die Pfarre sei mit allem Habe des Pfarrers abgebrannt und müsse neu erbaut werden. Der Pfarrer könne vier Rinder, 30 Schafe und etliche Schweine halten. Zum Pfarrinventar gehörten drei *melkende Kühe*. Es gab ein eigenes Küsterhaus. Der Küster erhielt von den Bauern 30 Scheffeln Korn, 70 Brote und 46 Bratwürste und konnte fünf Rinder halten.[7]

Lange bevor Luther seine heilkundige Frau kennenlernte und ins bürgerliche Leben zurückkehrte, schrieb er 1522 in seiner Wartburgpostille über die notwendige Kenntnis der Natur durch die Hausväter: *Naturkunde ist einesteils einem jeden Menschen bekannt. Ich weiß wohl, dass Hundszunge heilsam ist für Wunden, dass eine Katz Mäuse fängt, dass ein Habicht Rebhühner fängt und so fort. Einer weiß mehr, der andere weniger von der Natur, durch eigne Erfahrung oder durch anderer Unterricht. Aber Gott hat nicht alle Natur offenbart. Drum ist nu die Vernunft neugierig und will immer mehr wissen, daher hat sich das Studieren und Erforschen der Natur erhoben. ....* *Darum lieber Mensch ... lass dir genügen an dem, was dich dein Erfahrung und gemein Wissen lehret. Es liegt auch nicht viel daran, dass du nicht alles weißt; ist genug, dass du weißt, dass Feuer heiß, Wasser kalt und feucht ist, dass im Sommer andre Arbeit als im Winter zu tun ist. Wisse, wie du dein Acker, Vieh, Haus und Kind üben sollst, – das ist dir genug in natürlicher Kunst. Danach denk daran, wie du nur allein noch Christus erkennest, ...*[8]

Die übliche Aufgabenverteilung zwischen Mann und Frau, Söhnen und Töchtern, Knechten und Mägden im Haus, auf dem Hof, im Stall, im Garten, auf dem Feld und im Wald war dem Mönch wohl bekannt. Er machte sie seinen Gemeindemitgliedern 1523/1524 in einer Predigt zum Exempel für die göttliche Ordnung, denn *wenn ein hausvater hette eine frawen, tochter, son, magd und knechte, Nu er spreche zum knecht und hiesse yhn die pferde anspannen und ynns holtz faren, den acker pflügen und der gleichen erbeit thuen, Zu der magd spröch er, sie solle die küe melken, büttern und der gleichen, Zur frawen aber, sie solle der küchen warten, Zur tochter, sie solle spynnen und das bette machen ...*[9]

Im Oktober 1524 legte Luther die Mönchskutte ab und erschien erstmals in bürgerlicher Kleidung auf seiner geliebten Kanzel in der Stadtkirche. Wenige Wochen später finden wir ihn darüber grübelnd, wie und wo Gott ihn in Zukunft ernähren wolle – er könnte Gärtner oder Drechsler werden, sinnierte der längst weithin berühmte Reformator und Doktor der Theologie, und seine Zweifel und Zukunftsängste begleiteten den jungen Familienvater noch geraume Zeit. Am 20. September 1526 bedankte er sich bei Johann Agricola für geschenkte Speierlinge, eine heute sehr seltene Baumart, deren Früchte essbar sind und gerne zur Schnapsbrennerei verwendet wurden, deren Holz von Möbeltischlern und Drechslern.[10] Am 1. Januar 1527 schrieb Luther seinem Freund Wenzeslaus

Der Drechsler, Holzschnitt von Jost Amman aus dem Ständebuch, 1568

Link in Nürnberg: *Weil es bei uns Barbaren aber weder Kunst noch Talent gibt, haben ich und mein Diener Wolfgang* (Wolf Sieberger, ESt) *mit der Drechslerarbeit begonnen. Beiliegend senden wir Dir einen Goldgulden mit der Bitte, uns bei Gelegenheit einige Instrumente zum Aushöhlen und zum Drechseln zu schicken, ebenso zwei oder drei Dinge (die Schrauben heißen), wie sie Dir ein Drechsler ohne Mühe zeigen wird. Wir haben zwar Geräte, suchen jedoch welche, die zierlicher sind und Eurer Nürnberger Form entsprechen. Falls Du etwas mehr Geld ausgeben wirst, soll es Dir ersetzt werden, ich glaube aber, dass bei Euch die Sachen im Preis überhaupt billiger sind. Wenn es nicht zu schwierig ist, wollen wir lernen, durch diese Handarbeit den Lebensunterhalt zu erwerben, falls uns die Welt wegen des Wortes durchaus nicht ernähren will.*[11]

Der schon auf den Tod erkrankte Kurfürst Friedrich der Weise († 5. Mai 1525) ergriff die Initiative und schenkte

Luther das Kloster samt Klostergarten, behielt sich im Ver-
kaufsfalle aber ein Vorkaufsrecht vor. Darum betrachtete
sich Luther immer als Nutzer des Hauses, nie als dessen
Eigentümer. Die Friedrich folgenden ernestinischen Kur-
fürsten, sein Bruder Johann und dann dessen Sohn Johann
Friedrich haben die Schenkung immer wieder bestätigt. So
gingen Haus und Garten in den Besitz der Familie über.
Auf diese Weise war eine wirtschaftliche Basis gelegt. Das
Klostergebäude war, so lange Luther lebte, ein Freihaus. Die
Stadt konnte also keine Steuer daraus ziehen. Sie hatte dem
Kloster in seinen Anfängen das Recht verliehen, zwölf Gebräude Bier jährlich zu brauen. Dieses Recht ging nun auf
Luther über und wurde bald von seiner Frau tatkräftig genutzt. Luther soll bis 1542 400 Gulden in den Brunnenbau
und den ehemaligen Klostergarten investiert haben, und das
bei – nach seiner Aussage in der *Hausrechnung* – einem
jährlichen Professorengehalt von 200 Gulden.[12]

Schauen wir also dem gärtnernden Hausvater Luther
ein wenig über die Schulter: *Ich habe einen Garten gepflanzt,
einen Brunnen errichtet und beides mit rechtem Erfolg,* hatte
der frisch Verheiratete im Juni 1526 stolz berichtet – und von
Rosen und Lilien gesprochen, mit denen er den Freund bei
seinem Kommen bekränzen wollte. Nun, ein Garten benötigt ein paar Jahre, bis er so weit ist. Die Blumen dürften
daher noch aus dem alten Klostergarten stammen. Doch
hat der Reformator wirklich auf der Südseite des Hauses
einen neuen Garten angelegt, oder meinte er den auf der
Nordwestseite zur Straße hin liegenden Garten, den er nun
in Pflege genommen hat? Interessant ist die Erwähnung
des Brunnenbaus, denn eine Brunnenanlage benötigt fach-
männisches Wissen und war schon damals aufwändig und
kostenintensiv. Die Mönche hatten 1518 hier auf der Südseite
des Hauses eine Küche und eine Toilettenanlage gebaut.
Diente der Brunnen auf dem Hof auf der Südseite des

Hauses der Küche, dem benachbarten Waschhaus und Brauhaus, und bzw. oder gewann man hier Gießwasser für einen
kleinen Küchengarten? Wasser musste vor Luthers Brunnenbau mühevoll aus dem in der Collegienstraße fließenden
Faulen Bach oder einem Ziehbrunnen herbeigeschleppt
werden – eine weite Strecke, wenn man mit zwei gefüllten
Wassereimern schwer beladen ist. Dennoch stellt sich die
Frage nach den hohen Kosten und dem wirtschaftlichen
Gewinn durch den Brunnenbau, zumal es zu dieser Zeit
noch relativ bescheiden im Haushalt der jungen Familie
zuging. Als Luther im Juli 1527 so schwer erkrankte, dass er
selbst seinen Tod kommen sah, betete er: *Mein allerliebster
Gott, ich danke Dir von Herzen, dass Du gewollt hast, dass ich
auf Erden arm und ein Bettler bin. Ich habe weder Haus,
Äcker noch Besitzungen, die ich zurücklasse. Du hast mir eine*

Das Lutherhaus
im Oktober 2011

17

Frau und einen Sohn gegeben. Dir gebe ich sie wieder. Ernähre sie, erhalte sie, wie Du es bisher mit mir getan hast. O Vater der Waisen und Witwen.[13]

Neben dem Problem der Gießwasserbeschaffung stand jeder Gartenbesitzer vor der Frage: Was pflanze ich an und woher bekomme ich meine Pflanzen? Archäobotaniker der Neuzeit haben eine unglaubliche Vielfalt an Heilkräutern, Gemüse, Obstsorten und Blumen in mittelalterlichen Gärten nachgewiesen.[14] Einiges davon wird im Klostergarten der Augustiner gewachsen sein. Anderes und Neues konnte man mit Nachbarn tauschen. Hatte man so gute Freunde in Nürnberg und in Erfurt wie Luther, konnte man bei ihnen schon damals Samentütchen bestellen. Die Erfurter handelten mindestens seit 1315 mit Blumensamen.[15] Die älteste Samenhandlung Nürnbergs wurde 1420 von den Gebrüdern Hülpüchel gegründet. In Nürnberg spezialisierte man sich im 15. Jahrhundert besonders auf den Handel mit Samen von Laub- und Nadelbäumen für die Wiederaufforstung der schon damals stark geschädigten Wälder.[16]

Buschwind-
röschen

Und was macht der Gärtner im Winter? Er plant seine Frühjahrsarbeiten. Luther bestellte bei seinem Freund Wenzeslaus Link in Nürnberg am Neujahrstage 1527 nicht nur Drechselgerät, sondern teilte mit: *Es ist mir willkommen, dass Du mir zum Frühjahr auch Samen versprichst. Schicke daher so viel du kannst, ich warte nämlich sehnsüchtig darauf. Wenn andererseits ich für Dich etwas tun kann, so fordere und sei gewiss, dass es geschieht. Wütet auch der Satan mit seinen Anhängern, ich werde ihn inzwischen verlachen, mich an den Gärten, das heißt, an den Segnungen des Schöpfers erfreuen und sie zu seinem Lob genießen.*[17] *Mehr Sämereien schick mir noch für meinen Garten, möglichst verschiedene Arten; WENN ICH AM LEBEN BLEIBE, WILL ICH EIN GÄRTNER WERDEN.*[18]

Für Erfolg im Garten nutzte man im Hause Luther von Anfang an den damals allgemein gebräuchlichen Mondkalender. So heißt es 1581 bei Johannes Coler in dessen *Calendarivm Oeconomicvm* zum Stichwort Gemüsegarten im April: *In diesem Monat setzt man auch Kürbis vnd Erdöpffel (!),*

19

etwan einen tag oder fünffe nach dem newen Monden.[19] Am 23. Januar 1527 schrieb Luther Link, er erwarte zur nächsten Tag- & Nachtgleiche Sämereien für seinen Garten.[20] Bald konnte er berichten: *Alle Sämereien, die du gesandt hast, gehen auf, nur die Melonen und Kürbisse machen eine Ausnahme, obwohl sie in anderen Gärten auch vorankommen.*[21] Auch Lazarus Spengler habe ihm *Nürnberger Gesäme* beschafft, die er offenbar mit den Wittenberger Freunden geteilt hat.[22] Anfang Juli heißt es, *die Melonen oder Pheben wachsen und sind darauf bedacht, ungeheuer große Räume einzunehmen, desgleichen auch die Kürbisse und Citrullen, damit du nicht denkst, die Sämereien seien vergeblich geschickt worden.*[23] Der Begriff der *Citrullen* wird in alten Schriften wie ein Sammelbegriff für *Melonen und Gurken* verwandt.

Aus Erfurt mag Luther auch die in Mitteldeutschland heute fast vergessenen Puffbohnen gekannt haben. Puffbohnen scheinen immer eine Lieblingsspeise der Erfurter gewesen zu sein, die darum sogar als *Puffboniter* bezeichnet wurden. Außerdem baute man in Erfurt schon seit dem Mittelalter Mohn, Rübsen, Waid, Krapp, Weberdisteln (Carden), Flachs und Hirse an. Dort, wie auch in einigen Dörfern der Umgebung von Wittenberg wurden Mohn und Flachs meist von den Bauern und kaum von den Städtern gezogen.[24]

Auch der langjährige Freund und ehemalige Augustinermönch Johann Lang in Erfurt erhielt im ausgehenden Winter 1527 eine Samenbestellung aus Wittenberg: *Bitte, denke daran, mir in der kommenden Fastenzeit die größten Erfurter Riesenrettiche zu schicken: die will ich als ein Wunder unseren Leuten zeigen zum Ruhme eures Gartenlandes; wenn du mir außerdem etwas Samen davon senden könntest, wäre es mir lieb.*[25] Samen von Riesenrettichen wurden seit dem Mittelalter aus Erfurt exportiert.[26] Luther hatte sie in seiner Erfurter Klosterzeit gewiss gekostet. Sie waren wegen des guten

Geschmacks gesucht, vor allem aber wegen der Größe der Rettiche bei richtiger Behandlung. Nach Reicharts *Gartenschatz* wurden Rettiche gezogen, von denen fünf bis sechs Exemplare einen Zentner wogen! Der Aussage dieses berühmten Gärtners nach wurden Rettichsamen aus Erfurt im 17. Jahrhundert bis nach Russland exportiert. In den Gemüsegärten baute man seit dem *Capitular* Karls des Großen Amaranth (eine Fuchsschwanzart, deren Samen essbar sind und die Blätter wie Spinat genutzt wurden), Bohnen, Erbsen, Hirse, Kohl, Kopfsalat, Linsen, Möhren, Radieschen, Rettiche, Rübstiel, Salat, Sellerie, Spinat und Würzkräuter an.[27] Die aus der Neuen Welt stammenden grünen Bohnen, Tomaten, Kürbisse, Sonnenblumen und Kartoffeln kamen seit dem ausgehenden 16. Jahrhundert hinzu.[28] So gehören Luthers Kürbisse, Melonen und womöglich gar Gurken zu Exoten und Neuheiten in einer frühen Verwendung in Deutschland. Luther blieb offenbar bei seiner Vorliebe für Exoten und hatte damit viel Erfolg. Am 4. September 1538 sandte er der Herzogin Elisabeth von Braunschweig für ihren Lustgarten Setzlinge von Maulbeerbäumen und Feigenbäumen, *soviel ich itzt gehabt. Sonst hab ich nichts seltsames.*[29] Heute gehört es zum Allgemeinwissen, dass Vitamin C in Form von Zitrusfrüchten gut gegen Erkältungen ist. Offenbar wusste auch die Lutherin um die Wirkung der Früchte, denn Luther schrieb dem Hofmarschall Hans von Dolzig im März 1527: *PS: Mein kethe schickt euch zwo Pomerantzen. hette sie gewust, sie hette sie euch lengst mit eigem boten geschickt, denn sie euch gerne gesund herete. hatt auch keine mehr.*[30]

Fängt man das Gärtnern an, so ist es gut, einen fachlich versierten Freund zu haben.[31] Im Brief an Dolzig empfahl Luther am 17. März 1527 dem Hofmarschall den *feinen Mann, Er Heinrich, ein guter Gärtner* und früherer Mönch, für den kurfürstlichen Garten in Torgau. *Heinrich* dürfte den Gartenanfänger Luther in dessen Liebe zum Garten bestärkt

Das Pfropfen der Bäume, Holzschnitt aus dem Kräuterbuch von Lonicer, Ulm 1679

und seine Kenntnisse befördert haben und kam auch am kurfürstlichen Hof mit seinen Kenntnissen gut an. Schon 1527 erhielt *Er heinrich im baumgarten zum rosenessig 3 Stübischen Speisewein verehrt* und 1540 erscheint in den Torgauer Abrechnungen die Notiz *XV g hat ehr heinrich wasserbrenner vorschinen herbst … zu abreibung des epfelmuß* ausgegeben.[32] Die Verbindung zu Luther riss nicht ab. Am 24. Februar 1544 gehörte der Gärtner, neben Melanchthon, Bugenhagen und vielen anderen Gästen, zur fröhlichen Feier des *Königreichs,* bei dem auch ein anwesendes Kind *Bohnenkönig* werden konnte.

Hat Luther selbst den Spaten in die Hand genommen oder gar Unkraut gejätet? Dergleichen wird nicht erwähnt. Möglicherweise überließ er diese Arbeiten seiner Frau, seinem Diener Wolf oder anderem Personal. Aber er muss sich häufig und zu allen Jahreszeiten im Garten aufgehalten haben, wie auch bei Tisch, in Predigten und Briefen erzählte Naturbeobachtungen eindrucksvoll zeigen.

Am 25. Mai 1544 hielt Luther eine Auferstehungspredigt und sagte: *Geh hin zum Kirschbaum, greif um Weihnachten sein Reislein an: so findest du an dem ganzen Baum kein grünes Blättlein, keinen Saft noch Leben, sondern du findest einen dürren kahlen Baum, der lauter totes Holz hat. Kommst du aber nach Ostern wieder, so beginnt der Kirschbaum wieder lebendig zu werden: das Holz ist saftig und die Reislein gewinnen Äuglein und Knötlein. Näher zu Pfingsten werden aus den Äuglein*

Sträuchlein. Die tun sich auf, und aus dem Sträuchlein kommen weiße Blümlein. Wenn sich das Blümlein auftut, so siehst du ein Stielchen. Aus dem Stielchen kommt ein Kern, der härter ist als der Baum. Inwendig im harten Kern wächst ein anderer Kern, der härter ist als der Baum. Inwendig in dem harten Kern wächst ein anderer Kern, nicht so hart wie der erste Kern, sondern etwas weicher, damit er zum Essen dienen kann, so wie das Mark im Knochen wächst. Auswendig um den harten Kern, ringsherum, wächst die mit einer Haut überzogene Kirsche, wie Fleisch und Knochen wächst und mit Haut umgeben ist. Die Kirsche wächst so fein lustig rund, dass sie kein Drechsler so rund machen kann. Wie geht das zu, dass durch das Reislein am Kirschbaum, das um Weihnachten dürre und tot ist wie Besenreis, ein Knötlein wächst und aus dem Knötlein ein weißes Blümlein kommt und aus dem Blümlein ein Stielchen kommt und durch das Stielchen ein Kern wächst, der inwendig wieder einen Kern und auswendig eine Kirsche bringt? Das Stielchen ist zuerst ein so kleines Spitzlein im Blümchen, dass man kaum mit einer Nadelspitze hindurch stechen könnte. Dennoch wächst ein Kern hindurch, und dieser hat sein Mark, Fleisch, Blut und Haut. Ist das nicht ein wunderbares Geschöpf Gottes? Keine Kreatur kann solch ein Geschöpf so machen: kein Mensch, kein König, wie mächtig er auch sei, kein Doktor, wie gelehrt, weise und klug er sei, kann ein einziges Kirschlein schaffen. Und wenn wir das nicht jährlich vor unseren Augen sehen, so würden wir es nicht glauben, dass aus einem dürren Reislein eine so schöne liebliche Frucht so wunderbarlich wachsen sollte. Woher kommt nun der Kirschbaum? Kommt er nicht aus einem dürren toten Kern? Wenn die Vögel die Kirschen auf dem Baum abfressen und die Kerne auf dem Stielchen stehen bleiben, so werden sie welk und dürre, fallen herab unter den Baum oder werden auch sonst in den Garten gestreut. Da geht man mit Füßen drüber hin und achtet es nicht. Nach einem Jahr schießt aus dem Kern ein Bäumlein. Das wird von Jahr zu Jahr größer, so dass es nach zehn, zwanzig Jahren ein großer Baum ist und statt des Kerns, aus dem es gewachsen ist, viel tausend Kirschen trägt. Sagst du um Ostern: Ho, wie sollte aus dem Äuglein eine Kirsche und aus dem Kern ein Baum werden? ... tu die Augen auf und sieh den Kirschbaum an: der wird dir predigen von der Auferstehung der Toten und dich lehren, wie das Leben aus dem Tode kommt.[33]

Oder:

Ein Papilio oder Sommervogel wird also generiert: Erstlich ist es eine Raupe und hänget sich irgend an eine Wand, gewinnet darin ein Häuschen; darnach im Frühling, wenn die Sonne warm scheinet, so bricht das Häuschen auf und fleuget ein Papilio heraus. Wenn er nu wieder sterben will, so setzt er sich auf ein Baum oder Blatt, druckt einen langen Tractum Eier von sich, daraus werden denn eitel junge Raupen. Also ist es generatio reciproca; es ist eine Raupe und wird wieder zu einer Raupen. Ich hab in meinem Garten varia genera der Raupen gefunden; ich glaube, es habe sie mit der Teufel herein geführet. Erstlich haben sie gleich als Hörner in der Nasen. Aber es sind eigentlich die Schwärmer. Denn die Raupen haben schöne, silberne, güldene Striemen, gleißen und scheinen hübsch; aber inwendig sind sie voller Gift, äußert sich der Reformator beeindruckt im Sommer und Herbst 1542 über das Leben der Schmetterlinge.[34]

Oder:

Anno 1539 am 11. April war D. M. Luther in seinem Garten und sah die Bäume mit tiefen Gedanken an, wie sie also schön und lieblich blühten, knospeten und grünten und verwunderte sich sehr darüber und sprach: »Gelobt sei Gott der Schöpfer, der aus toten, verstorbenen Kreaturen im Lenz alles wieder lebendig macht! Sehen doch die Zweiglein«, *sprach er,* »so lieblich und feist aus, gleich als wenn sie schwanger und voller Junge wären

und der Geburt nahe. Da haben wir ein schönes Bild von der Toten Auferstehung. Der Winter ist der Tod, der Sommer aber ist die Auferstehung der Toten, da es denn alles lebendig wird und wieder grünt. Die Teile des Jahres sind ungleich, als der Lenz und Herbst ... Lasset uns denn den himmlischen Vater bitten, dass er uns das tägliche Brot gebe.[35]

Apfelblüte im September 2014

Zur Lutherzeit standen Ehefrauen rechtlich unter der Vormundschaft ihrer Ehemänner. Der Haussegen bei den Luthers konnte schon mal schief hängen, wenn Luther seiner Frau beim Erwerb von Grundstücken nicht zu Willen war. Der immer wieder einmal länger im Hause lebende Freund Konrad Cordatus mochte die Hausherrin nicht besonders und so notierte er einmal sein Gespräch mit dem geplagten Ehemann: *Dass aber meine Frau den Garten gekauft hat, war ihr Werk und nicht meins. Es geschah gegen meinen Willen. –*

*Als ich entgegnete: Warum habt ihr es ihr unfreiwillig erlaubt?
Entgegnete er: Ich konnte ihre Bitten und Tränen nicht ertragen.*[36] Von welchem Garten ist hier wann die Rede? Luther
erwarb 1527 einen Garten von Balthasar Hain, 1532 (!) einen
großen Garten mit Breite und Fischweiher von dem befreundeten Bildhauer Claus Heffner (Baumgarten) und erst 1535
einen kleinen Garten für Wolf Sieberger (Hopfengarten).
Am 28. Oktober 1535 beschrieb Luther dem mit der Familie
eng verbundenen Freunde Justus Jonas die große Freude
und Tatkraft, mit der seine Frau Katharina von Bora an ihr
großes Tagwerk ging und vergaß nicht, sehr erfreut zu erwähnen, dass sie außerdem noch die Bibel lese und mit
ihrem Studium zu Ostern fertig sein werde: *Es grüßt Dich
mein Herr Käthe, die fuhrwerkt, die Äcker bestellt, Vieh füttert
und kauft, Bier braut usw. weidet und kauft Vieh, braut ...*[37]
Im Kapitel über die Ställe und Fischteiche der Familie werden wir sehen, dass Luther 1535/36 neben dem Erwerb der
Gärten und Breite auch viel Geld zum Kauf von Schweinen,
Pferdegeschirr und Vieh ausgegeben hat.

Am 8. April 1538 klagte Luther dem Freunde Jonas: *da
ich doch als ein alter und ausgedienter Mann dieser Tage lieber
im Garten genießen sollte und schauen, was des Greises Freude
ist, all die Wunderdinge Gottes, die er werden lässt an jungen
Bäumchen, Blumen, Sträuchern und Vögeln; das wäre für mich
wohl eine Lust und Muße, wenn ich nicht um meiner früheren
Sünden willen verdiente, durch beschwerliche und oft nutzlose
Geschäfte all dessen beraubt zu werden ...*[38]

1540 erwarb Luther nach der Genesung seiner Frau von
ihrer Fehlgeburt das südlich von Leipzig gelegene kleine
Gut Zülsdorf für 610 Gulden: *Unser Herr Gott gibt alle Mal
mehr, als wir bitten; wenn wir recht um ein Stück Brot bitten,
so gibt er uns einen ganzen Acker. Als meine Hausfrau krank*

lag, da bat ich Gott, er sollte sie mir leben lassen; so gibt er ihr noch das Gut Zulsdorf dazu und bescheert uns sonst ein reich, fruchtbar Jahr ...[39] Die Lutherin fühlte sich auf ihrem kleinen Gut offensichtlich sehr wohl, erholte sich von ihrer schweren Fehlgeburt und ging ans Werk. Ihr Gatte schrieb glücklich über ihre Genesung *Der Reichen frawen zu Zulsdorff, frawen Doctorin Katherin Lüdherin, zu Wittemberg leiblich wonhafftig, vnd zu Zulsdorff geistlich wandelnd, meinem Liebchen, zu Handen,* einen Brief.

Am 20. Mai 1541 schrieb Luther an Ehrenfried von Ende zu Wolkenburg, der *freundnachbarschaftliche Dienste* angeboten hatte und bat, für seine Frau, *weil sie eine neue Haushalterin worden zu Zulsdorf, vnd von hinnen fern gelegen, ihr wollet ihr diese nachbarliche Freundschaft thun vnd 12 Scheffel Korn vnd 24 Hafern leihen, das will sie euch redlich wiedergeben*

Frauen bei der Gartenarbeit, Holzschnitt 16. Jahrhundert

27

nach der Dresche, so nächstkunftig.[40] Auf Zülsdorf konnte Käthe endlich wirklich ackern und Getreide anbauen. Im Juli 1542 musste sie dort eine kleine Scheune errichten, um ihre Ernte unterbringen zu können. Dieses Mal war es der langjährige Freund Heinrich von Einsiedel auf Gnandstein, der ihr anbot, aus den von ihr angefahrenen Espen Klötze und Bretter schneiden zu lassen.[41]

Im März 1542 gab Luther zur Türkensteuer an, er habe seine Gärten, fünf Kühe, neun große Kälber, eine Ziege mit zwei Jungen, acht Schweine, zwei Sauen mit Kleinen. Für Haustiere wie Schweine, Schafe, Bienen, Kühe und Pferde zahlte man üblicherweise an den Rat den Schoß. Diese Steuer wurde 1446 erwähnt und zu Anfang des 16. Jahrhunderts erneuert. Luther war allerdings von Steuerzahlungen wegen seiner Verdienste von Stadt und Land befreit, beteiligte sich aber 1542 an der Selbsteinschätzung der Bürger.

Holzkon-
struktion einer
Scheunenwand

Am 1. Februar 1544 unterzeichnete Luther einen Kaufvertrag für den Garten des Jacob Gehmann an der Specke und eine Bestimmung über das Erbteil seiner Frau Katharina. Man möchte meinen, Luther hätte mit seinen Landkäufen den Unterhalt seiner Frau nach seinem Tode sichern wollen. Doch im Juli 1545, als er auf Reisen nicht nach Wittenberg zurückkehren wollte, verlangte er von ihr, ihre Güter, *garten vnd hufe, haus vnd hof,* zu verkaufen *vnd were dein bestes, Das du dich gen Zulsdorff setzest, weil ich noch lebe, vnd kunde dir mit dem Solde wol helffen, das gutlin zu bessern.* Von nun an richtete er auf seinen letzten Reisen seine Briefe nicht mehr an seinen *Morgenstern zu Wittenberg,* sondern seiner *herzlieben Hausfrauen Katharin Lutherin Doctorin Zulsdorfin zu Wittenberg.*

Daheim rückten die Bauten der Festungswälle immer weiter an sein Haus heran und man erwartete besorgt eine militärische Auseinandersetzung zwischen dem Schmalkaldischen Bund unter Führung des sächsischen Kurfürsten Johann Friedrich und dem Kaiser Karl V. Nach Luthers Tod am 18. Februar 1546 in Eisleben, der Überführung seiner Leiche und ihrer Beisetzung in der Schlosskirche, sandte der Kurfürst der trauernden Witwe und ihren vier Kindern eine Trostschrift, erklärte Luthers Testament zu Gunsten der Ehefrau für gültig und verhalf ihr, auf ihren Wunsch hin, zum Kauf des Gutes Wachsdorf auf der anderen Seite der Elbe in der Elbaue gelegen. Luther hatte in seinem Testament von drei Gärten und einer Hufe, also einem Acker, gesprochen, die er in Wittenberg besaß.

Am 12. November 1546 riss man zum Schutz der Festung Wittenberg wieder einmal ihre Vorstädte und Gärten nieder. *Alles brennt im hellen Lichterschein, doch am nächsten Morgen fällt ein warmer Sonnenregen und erscheint dort am Horizont, wo gestern das Feuer am Schlimmsten schien, ein Regenbogen,* berichtete Johannes Bugenhagen in seiner Chronik der Geschehnisse.[42] Von Erasmus Alberus hören wir 1548: *Also*

verbrandten sy (die kurfürstlichen Befehlshaber 1547 in Wittenberg) *die Vorstadt zu Wittenberg, vnd vber 600 schöner Gärten,*
pro forma, als wollten sy für den Churfürsten streyten, vnd hetten
schon in jrem hertzen beschlossen, den Churfürsten zu verrathen.[43]
Zu den von den Flammen und Krieg schwer getroffenen
Gartenbesitzern, Bauern und Gutsherren gehörte damals
auch die verwitwete Lutherin.

Ende 1524 / Anfang 1525?	Haus mit Klostergarten	
1527?	Garten von Balthasar Hain?	
1535	Wolfs Garten für 20fl. = Hopfengarten an der Specke bei Labetz ?	1542 erwähnt
1532! / 1535	Breite mit Garten von Claus Heffner für *900fl. mit haus vnd allem gebew, brun, zaun, saffran vnd ander vnkost* = Baumgarten am Saumarkt mit zwei Hufen?	1537, 1540 wird Schoß erlassen, 1547 letztmals bezahlt; 1542 von Luther auf 500fl. geschätzt; 1554 Erbteil der Tochter Margarete im Wert von 500fl.; 1555 verkauft
1535 Herbst	Acker und Garten	2x 90fl.
1540	Zülsdorf im Amt Borna, vier Stunden südlich von Leipzig, linkes Pleißeufer, südöstlich von »Küritzsch«,	
1544	Garten von Jacob Gehmann an der Specke	
1546	Gut Wachsdorf	

Grün = bei Luthers Tod sicher in seinem Besitz

Ställe und Fischteich
der Katharina Lutherin

Schweinefleisch gehörte zu den Lieblingsspeisen des Reformators. Er zog es gerne dem von Wildschweinen vor und meinte einmal, er liebe *Frau Sau mit ihrem Kinde,* denn Schweine liefern Wurst, Speck, Fleisch, das seien nahrhafte Sachen. Schweinefleisch stand schon in seinem Elternhaus in Mansfeld[44] häufig auf dem Tisch. Wildfleisch hatte der junge Luther bei ihnen nur in Form von Hasenfleisch erlebt. Womöglich stammt aus dieser Zeit seine Vorliebe für Hausschweine. Im Abfall seiner Eltern wurden zu 60% Schweineknochen von ein- bis zweijährigen Tieren nachgewiesen und zu 30% von Schaf und Ziege. Schafe und Ziegen waren meist Alttiere. Sie dürften die Familie mit Milchprodukten versorgt haben. Nur 10% der gefundenen Knochen stammten vom Rind.

Da Schweinefleisch und Würste schon in Kindertagen des Reformators häufiger verspeist wurden, wundert es nicht, dass die junge Familie Luther spätestens seit 1527 Schweine besaß. Der Hausherr berichtete seinem Freunde Jonas im Dezember von den Überlebenden der schweren Pestzeit in der Stadt und in seinem Hause und meinte seufzend: *Dafür haben wir fünf Schweine opfern müssen, die ich verloren habe. Christus unser Trost wolle wirken, dass die Pest, zufrieden mit*

Schlachten
und Einsalzen,
Detail aus einem
Kupferstich von
Ph.Galle nach
P. Breughel d.Ä.,
um 1559

dieser Steuer, nunmehr aufhöre. Die Schweinchen wurden in
einem eigenen Gehege gehalten, wie Luther 1540 erwähnt:
vidisset sues in sua area.[45] Sie liefen offenbar nicht frei herum
und wurden darum wohl nicht vom städtischen Schweinehirten betreut, wie es von der 1504 erlassenen Stadtordnung gefordert wurde und üblich war. Hatte die Familie
1527 schon Gesinde, das die Schweine gefüttert hat? Wo-

möglich hat Luther vor Freude über seine Anschaffung das erste Schweinchen selbst gefüttert ...

Um ein besonders gut schmeckendes Fleisch zu erzeugen, blieben junge Schweine im Sommer auf der Weide und wurden ab Michaelis (der 29. September) in einen Stall gesperrt und bis zur Schlachtung ab dem 5. Dezember in wohlhabenderen Haushalten mit gemahlener Gerste, Eicheln und Bucheckern gemästet. Auf dem Weg zur Weide und auf der Weide wurden sie mehr oder weniger gut von dazu angestellten Schweinehirten betreut. Das Fleisch von Schweinen, Rindern und Hammeln wurde nach der Winterschlachtung meist eingesalzen, dann oftmals geräuchert oder gedörrt und so konserviert. Dieses Fleisch wurde bis in den Sommer hinein gegessen, wenn man kein Frischfleisch von Lämmern oder Hühnern hatte. Kühe und Schweine waren im Mittelalter viel kleiner als die heute hoch gezüchteten Rassen. Schweine schätzte man als schnell wachsende, anspruchslose Allesfresser, die sich auf relativ kleinem Grund halten ließen oder im Herbst zur Eichelmast in die Wälder getrieben wurden. Davon zeugen überall in Deutschland noch Wegenamen wie *Zur Hutung* oder *Hutungswald*. Bei der Pachtung des *Gutes Wachsdorf* durch Katharina Luther wurde 1546 ein großer Eichenholzwald zwischen Dabrun und Pratau erwähnt.[46]

Schweinefleisch war fetter und galt als qualitativ besser als Rindfleisch. Man schätzte seine höhere Fetthaltigkeit und musste an Kalorien interessiert sein. Schlankheit war kein Schönheitsideal, im Gegenteil, Schlankheit zeigte mangelhafte Ernährung an und war darum nicht standesgemäß. Die Schlachtausbeute ist beim Rind zwar dreimal höher als beim Schwein, aber die vom Auerochsen abstammenden Ochsen wurden erst mit vier oder fünf Jahren geschlachtet und zuvor als Zugtiere eingesetzt.

Während man heute die männlichen Tiere beim Geflügelnachwuchs entsorgt, hat man damals auch Küken gegessen. Zur Lutherzeit galt außerdem Kalbfleisch als wertvolle *Herrenspeise* und wurde von wohlhabenden Bürgern und Adligen als Festmahl zubereitet. Da man die weiblichen Rinder zur Milchproduktion benötigte, die männlichen als besonders starke Zugtiere und dann auch noch größere Mengen Fleisch von den Rindern gewann als vom Schwein, fanden sie sich natürlich auch in den lutherischen Ställen. Denkt man an den Lutherhof, muss man sich neben dem herumlaufenden Federvieh, Schweinen, Ziegen, Kühen und Pferden auch einen großen Misthaufen vorstellen. Der Hof dürfte mit Waschhaus, Brauhaus, Ställen und Misthaufen einem Gutshof geglichen haben und, abgesehen vom 1540 gesetzten *Katharinenportal,* nach heutigen Maßstäben wenig repräsentativ gewesen sein.

Um 1530 nannte Luther in seinen Predigten Pferde, Kühe, Schweine, Schafe, Hühner, Gänse, Enten, Tauben, Hunde und Esel als in der Stadt gehaltene Haustiere. In den Tischreden erwähnte er die von ihm gehaltenen Hühner[47] und wusste, *wo Tauben sind, da fliegen Tauben zu.* In seinem Mansfelder Elternhaus hat es wahrscheinlich einen Taubenschlag gegeben, was nicht verwundert, da die Bergleute im Ruhrgebiet noch im 20. Jahrhundert Taubenzüchter waren. Coler erwähnte im *Calendarium* unter den Aufgaben im Februar: *Auch pflegt man im ende dieses Monats den Tauben vnd Hünermist in die Gerte zu tragen, vnd fein dünne vmbher zustrewen, das sie hübsch Gras bringen.* Taubenschläge und Hühnerställe wurden demnach im Februar gereinigt und der herausgeholte Mist zur Gartendüngung benutzt.[48] Die im Abfall am Lutherhaus in Wittenberg gefundenen Knochen stammen zumeist von Haustieren, zu mehr als der Hälfte vom Rind, etwa zu einem Drittel vom Schaf oder bzw. und Ziege und 8% vom Hausschwein. Ein Viertel der Knochen stammt vom Huhn, nur fast halb so viel von der Gans, dazu Ente und Taube. Reste von Fischen und Singvögeln wurden hier kaum gefunden, wohl weil man bei den Grabungen am Lutherhaus schnell vorangehen musste und keine Zeit hatte, nach kleinsten Partikeln und etwa Gräten zu suchen.[49]

Aus seiner am 9. April 1542 aufgestellten Hausrechnung erfahren wir, dass Luther 1535/36 *90fl. fur die Hufen, 30fl. fur schwein, 29 fl. C. kockritz fur ochsen* und ohne Angabe des Jahres: *90fl. Hufe, 100fl. Pferd geschirr Viehe*[50] ausgegeben hat. 20fl. kostete der neue *Stall* für *pferde, kue, Sew.* Caspar von Köckeritz, ein kurfürstlicher Ratgeber, gehörte zum weiteren Freundeskreis Luthers und ist von Cranach d. Ä. zweimal auf Gemälden porträtiert worden. Er verkaufte dem Lutherpaar Ochsen.

Neben Geld für Pferde, Pferdegeschirre und Pferdestall musste von den Luthers auch Lohn für den zum Gesinde gehörenden Kutscher aufgebracht werden, auch als dieser 1535 am Fieber erkrankt war und gepflegt werden musste.[51]

Aus den Aufzeichnungen des Cordatus wissen wir, dass Luther sich sicher gewesen ist, dass Tiere eine Seele haben, um die sich Gott nach dem Tod kümmert. Luther meinte im Frühjahr 1534 in einem Gespräch über Bäckerschweine: *Wir horen, das euch etliche schweine verschieden sein, die ihr auff den gassen ligen last. Martin Luther antwortete: Man sollt darauf gesagt haben: Gott habe ihre liebe sele!*[52]

Zum privaten Reich der Luthers gehörte seit dem Kauf des Gartens am *Saumarkt* auch ein Fischteich. Fische waren in einer Welt der Getreidebreie nicht nur wegen der Fastentage, sondern besonders wegen ihres Eiweißgehaltes von etwa 20% auf dem Speisezettel unverzichtbar. Flüsse, Teiche und sogar Bäche waren voller Fische und Krebse, doch bekam der gemeine Mann davon kaum etwas ab – das Fischereirecht war wie die Jagd vor allem Herrenrecht, manchmal auch Gemeinderecht. Außerdem war Fisch, gemessen an seinem Kalorienreichtum, schon damals sehr teuer und damit für ärmere Bevölkerungsschichten, zumal in Teuerungszeiten, oftmals unerreichbar. An Nahrungsmitteln, Fleisch, Getreide und Fisch gab es auch zur Lutherzeit keinen Überfluss.[53] Reiche Grätenfunde von Süßwasserfischen in den Abfallgruben von Luthers Eltern gelten darum als Zeichen der Wohlhabenheit des Hüttenmeisters Hans Luther, zu dessen Rechten offenbar Fischfang gehörte. So hat der junge Martin Aal, Barsch, Brasse, Hecht, Karpfen, Plötze und Rapfen kennen- und schätzen gelernt. Da Fische zu den Fastenspeisen gehörten, hatten sich viele Klöster Fischteiche zur Eigenversorgung zugelegt und die Fischwirtschaft in Deutschland begründet. So gehörte zum Kloster Nimbschen, in dem Katharina lange Jahre als Nonne lebte, auch ein Fischteich.

Heringe und Stockfische gehörten im Mittelalter zu den Volksnahrungsmitteln – der Hering wird im 13. Jahrhundert Symbol der Heiligen Elisabeth, die auch von den Wittenberger Franziskanern besonders verehrt wurde. Inzwischen hatte die Hanse Konservierungs- und Transportmöglichkeiten der leicht verderblichen Ware gefunden und transportierte sie vor allem auf Flüssen wie der Elbe, an der Wittenberg einen Stapelplatz hatte. Üblicherweise erwarben die Wittenberger Süßwasserfische und Seewasserfische auf dem Marktplatz an den Fischerständen am Rischebach hinter dem Rathaus. Das dürften auch die Luthers so getan haben. Martin Luther hatte Heringe und Stockfische ebenso wie die Scholle im Elternhause erstmals genossen.

In einer Predigt im Juni 1529 verglich er die Speisen auf den Tellern der Gemeindemitglieder mit denen der Italiener: *In jenen Gegenden ist das eine köstliche Speise, wie sie in Italien Ratten und Frösche essen. Wir essen Krebse und Aale, die sind grad so unflätig wie Ratten, Halbfische und*

Meerspinnen. Wenn's die Leute aus jenen Gegenden gehört hätten, so hätten sie uns für Narren gehalten. Honig und Heuschrecken wähnen als eine bessere Speis als Aal und Krebs.[54]

Die Wittenberger Augustinereremiten ernährten sich in der vorweihnachtlichen Fastenzeit 1519 offensichtlich von Heringen. Der mit allen möglichen Wirtschaftsgütern handelnde Hofmaler Lucas Cranach hatte die Mönche mit einer Tonne, in der üblicherweise 1000 bis 1200 Heringe transportiert wurden, beliefert und wurde dafür am 28. Dezember vom Hof entlohnt.[55]

Luthers Leibgericht:
ERBSENBREI MIT BRATHERINGEN

Man weiche die Erbsen über Nacht ein und lasse sie dann im Einweichwasser weich kochen. Sie dürfen jetzt nicht platzen. Dann salzen, die Brühe abgießen, aber für Suppen aufbewahren und die Erbsen gut abtropfen lassen. Dann werden sie auf Backbleche verteilt und im Ofen mehrere Stunden gedörrt. Die nun wieder harten Erbsen werden nun zu Mehl gemahlen. Will man Erbsenbrei servieren, rührt man das Erbsenmehl in einen Topf mit erwärmtem Wasser oder Bier und schmeckt die Masse mit Honig und Salz ab. Für die Bratheringe lasse man Salzheringe zwei Tage lang in Wasser auslaugen. Zunächst bedeckt man sie in einer Schüssel ganz mit Wasser, das nach drei Stunden gewechselt wird. Nun mit Essigwasser ansetzen und stehen lassen. Nach einem Tag nochmals das Wasser wechseln. Zur Zubereitung die Heringe herausnehmen und trocken tupfen. Innen und außen leicht pfeffern. Die Heringe auf Holzspieße stecken, an den Seiten flache Kerben anbringen und die gespießten Heringe dann mehrfach in Mehl wälzen. Überflüssiges Mehl abschütteln und die Fische in Öl wälzen. Man kann sie nun grillen und dann in einer gebutterten Auflaufform bei starker Hitze knusprig backen.[56]

Als Luther 1532 den Baumgarten mit Fischweiher am vor der Stadt gelegenen Saumarkt erwarb, konnte die Familie ihren Bedarf auch hier decken. Im Herbst 1533 freute sich Katharina über einen sehr erfolgreichen Fischzug.[57] Dem erwähnten Cordatus verdanken wir dazu eine *vom Miß-brauch Gottes Creaturen* überschriebene Notiz: *Da des Doctors Hausfrau hatte ihre Teichlin im Garten fischen lassen und allerlei Fische gefangen, Hechte, Schmerlen, Forellen, Kaulbärsche, Karpfen und derselben etliche gesotten auf den Tisch brachte und mit großer Lust, Freude und Danksagung davon aß, sagte Doctor Martinus Luther zu ihr: Käthe, du hast größer Freude über den wenig Fischen, denn mancher Edelmann, wenn er mehrere große Teiche und Weiher fischet und etliche hundert Schock Fische fähet (1 Schock = 60 Stück). Ah, der Geiz und Ersucht machen, dass wir Gottes Creaturen nicht können recht und mit Lust brauchen; es sitzet mancher Geizwanst und lebet in großer Wollust, hat uberflüssig genug, und kann dennoch desselben nicht mit Lust und Nutz genießen. Es heißet: Der Gottlose wird Gottes Herrlichkeit nicht sehen; ja, er kann auch nicht die gegenwärtigen Creaturen erkennen. Der Gott uberschütt uns zu sehr damit, und weil es so gemeine ist, achtet man es nicht; wenn es seltsam wäre, so achtet mans höher, aber wir können nicht bedenken, was für Lust und Freude an Creaturen ist.*

Sehet doch nur, wie fein ein Fischlein leichet, da eins wol tausend bringet; wenn das Männlin mit dem Schwanz schläget und schüttet den Samen in das Wasser, davon empfähet das Fräulin. Sehet an die Vogelin, wie fein rein gehet doch derselben Zücht zu; es hacket die Siehe in das Häuptlin, leget sein Eierlin säuberlich in das Nest, setzet sich darüber, da gucken die jungen Küchlin heraus; siehe das Küchlin an, wie gar steckts doch im Eie? Wenn wir ein solches Ei niemals gesehen hätten und eines würde aus Kalekuthen (Kalkutta!) bracht, so würden wir uns alle Ursache anzeigen, wie es mit solchen Creaturen zugehet und

wie sie geschaffen werden, allein Moses zeigets an, da er saget: Und ER sprach, da wards; er besahs, da stunds da. Wachset und mehret euch! Aus diesem Sprechen und Gebieten kommen und mehren sich noch heutiges Tages allerlei Creaturen und werden ersetzt bis auf den jüngsten Tag.[58]

Im Garten am Saumarkt beobachtete Luther ein anderes Mal junge Fische und meinte anschließend, *also in dem Bächlin, das durch meinen Garten fließt, sind feine kleine Hechte und Schmerlen, und wenn man sie in ein anderes Wasser setzt, so werden große Hechte daraus.*[59] 1532 erwähnte er in seiner *Auslegung des 147. Psalms* den *Frischbach* und den *Faulbach*, die beiden Stadtbäche zu Wittenberg,[60] deren Fischreichtum die Lutherfamilie beschenkte. Doch genügten die Fische der Lutherin nicht zur Versorgung eines so großen Haushalts, wie sie ihn führte. Zu den reichen Geschenken, die der Reformator immer wieder erhielt, gehörten auch Seefische. So bedankte sich Luther beim Bürgermeister und Rat von Stettin am 17. März 1541 für geschenkte Fische. Immer wieder erhielt er Geschenke des Anhaltischen Fürstenhauses,

Von Fischteichen und Weihern, Holzschnitt des Petrarcameisters

39

häufig Hechte und Lachse. 1539 beklagte er sich während einer Teuerungszeit in Wittenberg beim Freunde Jakob Probst in Bremen scherzhaft über das Ausbleiben von See-fisch. *Ist das Meer ausgetrocknet?*, fragte er an. Am 8. November 1545 schrieb er an Kurfürst Johann Friedrich und be-dankte sich: *Ich habe heute früh von E.K.F.G. das reich Geschenk, nämlich ein halb Fuder Suptitzer, ein halb Fuder Gorenberger, vier Eimer Jenaischs Weins, dazu ein Schock Karpfen und drei Zentner Hecht, schone Fisch* (empfangen). *Es ist auf einmal zuviel, wäre gnug an der Stuck einem gewest.*[61] Fehlte es denn doch einmal an Seefisch, konnte Katharina das Angebot auf dem Marktplatz nutzen.

Zukäufe auf dem Markt

Eine von Luthers Hausrechnungen ist überschrieben mit: *Wunderliche rechnung gehalten zwischen Doc Martin vnd kethen Anno 1535/1536 Das waren zwey halbe jar.* Danach erwarben sie von den beiden Pfarrern in Dabrun und Rackith für 90fl. Getreide, gaben 90fl. für Hufen, also Ackerland, aus, 20fl. für Leinwand – Katharina baute wohl wenig oder keinen Flachs an, ließ aber in häuslicher Arbeit Leinwand herstellen. 30fl. gaben sie für Schweine und 29fl. für Ochsen aus – der Bedarf ihres Hauses an Fleisch konnte also nicht aus dem eigenen Stall gedeckt werden. Etwas spaßhaft und zugleich doch sehr ernst gemeint notierte der geplagte Hausherr 1542 unter der Rubrik *Gib Geld* die unglaublich vielen Ausgaben seines Haushaltes. Unter den Lebensmitteln, die hinzugekauft werden mussten, finden wir hier Getreide wie Gerste und Weizen, aber keinen Hafer, der als Pferdefutter benötigt wurde. Mehl wurde gekauft, auch Wein und Bier, Grütze und Graupen für die Breie, Reis und Hirse. Dazu Zucker, Honig, Gewürze, Safran, natürlich Salz und ausdrücklich Obst, Kraut, Kohl, Möhren, Rüben, Zwiebeln, Mohn, sogar Petersilie (!) und Kümmel. *Gib Geld* heißt es auch zu *Fleisch ynn Schernn,* also Fleisch, das ausdrücklich in den Verkaufsständen der Fleischer erworben wurde. Luther nannte in seiner Rechnung Ochsen, Schweine, Gänse, Hühner, Enten, Singvögel, Tauben, Eier, Butter, Öle, Federn,

Lein Dörrfisch (Stockfisch) und frische Fische, Brot und Sem-
meln. Zur Beleuchtung benötigte man außer Leuchtern auch
Talg und Wachs, zur Arbeit Nägel, Haken, Eisenkram und
Garn. *Gib Geld* steht auch über einer Liste von Handwerkern
und Helfern, die der Haushalt benötigte, wie Fleischer zum
Schlachten (man nutzte also das von der Stadt unterhaltene
Schlachthaus der Fleischer), für Sauschneider, Hirten, Leine-
weber, Grob- und Kleinschmiede, Tagelöhner, Knechte,
Mägde, Jungfern und Knaben. Die Liste umfasst mehr als
fünfzig Positionen, insgesamt sind es unter dem Stichwort
Gib Geld weit mehr als einhundert Einträge bis eben hin
zur Petersilie! Der Lutherhaushalt war also eng mit dem
Markt und der einheimischen Handwerkerschaft verbun-
den.

Freizeit und Erholung im Garten

Beschäftigt man sich mit Luthers Leben, findet man immer wieder Hinweise darauf, dass er sich in wichtigen Lebensmomenten draußen, im Garten, auf der Straße, in der Natur aufgehalten hat. Erinnert sei an den berühmten Blitzschlag bei Stotternheim, der ihm im Sommer 1505 Anlass zu seinem Klostereintritt wurde. Johann von Staupitz hatte ihm unter dem Birnbaum im Kloster nahegelegt, den Doktorhut zu erwerben und dann seine Bibelprofessur zu übernehmen. Nach seiner Flucht aus Worms, wo Kurfürst Friedrich der Weise den Mönch, trotz der kaiserlichen Zusicherung freien Geleits, nicht mehr für sicher hielt, predigte Luther am 4. Mai 1521 vormittags in der Kirche von Möhra. Anschließend hielt er sein Mittagsmahl in einem Garten in der Nähe der Pfarre von Möhra, reiste dann weiter und wurde bei Altenstein festgenommen und auf die Wartburg gebracht.[62] Am 19. April 1525 begann Luther in Eisleben im Garten des Mansfelder Kanzlers Dürr mit der Abfassung seiner Schrift *Ermahnung zum Frieden*.[63] Am 9. August 1532 saß er mit den Professoren Aurogallus und Förster abends in seinem Garten.

Vom kurfürstlichen Leibarzt Dr. Matthäus Ratzeberger, der in Krankheitszeiten Luthers zu Hilfe gesandt wurde, wissen wir: *Luther sah es gern, wenn seine Kostgänger und Tischgenossen nach geflogener launiger oder ernsterer Unterhaltung über Tisch sich nachher mit heiteren Spielen unterhielten, woran er auch wohl selbst teilnahm. So liebte er es, wenn die jungen Leute nachher Kleider sprangen (= Sack hüpften), Baretts liefen und dergleichen; auch richtete er ihnen einen KEGELSCHUB ein, schob auch selber mit, allerhand Kegelkunststückchen machend. Dabei verglich er wohl auch das Treffen und Fehlen mit dem auch im späteren Leben vorkommenden Treffen und Fehlen. Gleichzeitig gab er den jungen Leuten die Lehre, über verunglückte Kugeln anderer nicht zu lachen, sie möchten bedenken, dass es ihnen selber später beim eigenen Schieben auch so ergehen könne. Seine Kostgänger nahm er z.B. auch gerne mit zu Landpfarren in die KIRSCHEN.*[64] Am 24. April 1541 waren Bugenhagen und Dr. Ratzeberger bei dem seit Tagen an schweren Ohrenschmerzen leidenden Luther, der an diesem Tage zweimal in seinen Garten am Saumarkt vor der Stadt gegangen ist.[65]

Auch Luthers Freund Philipp Melanchthon kannte den Wert der Erholung in der Natur und schrieb: *Ich ruhe mich, sooft sich dem ermüdeten Geist Erfrischung und Erholung gönnt, in keinem Gegenstande lieber aus als in der Erinnerung an die Heimat ... Ich sehe mich dann durch die Felder und Gärten streifen und zum Fluss hinab wandern. Hier betrachte ich schweigend den Reichtum der Natur, den Fleiß meiner Ackerbürger, ich bewundere die Klugheit der Vorfahren, die die Äcker und die Stadt (Bretten?) selbst äußerst sorgfältig geschmückt und beschützt haben ... So mich schon der Liebreiz des Ortes erfreut, bin ich noch mehr beeindruckt, weil sich ja damit der Begriff ›Heimat‹ verbindet.*[66]

Freizeit und Erholung
in Wald und Flur

Luthers in Worms begonnene schmerzhafte Hartleibigkeit wurde auf der Wartburg durch *gute, reichliche Kost, guten Wein und Mangel an Bewegung* noch gefördert und aufrechterhalten. *Da er nicht zu studieren aufhörte und dabei immer schwächer wurde, trieben, während seines Wartburgaufenthaltes, seine Freunde ihn wiederholt ins Freie und aus seiner Klause hinaus, rieten ihm, spazieren zu gehen, die Luft zu wechseln und sich seiner Gesundheit wegen zu bewegen. Deshalb nahmen sie ihn mit auf die Jagd, veranlassten ihn zu Zeiten, in die Erdbeeren am Schlossberge zu gehen, wobei er öfters die Eisenacher Franziskaner traf, und ließen ihn mit einem vertrauten Reitersmann Ausflüge zu Pferd in die Umgegend machen, in der Kleidung und Rüstung als Junker Jörg,* wobei er, nach Mathesius, *von jenem verhindert wurde, in den Wirtschaften sein Schwert abzulegen, oder auf die Bücherschränke zuzulaufen, damit man ihn nicht für einen Schreiber ansehe. Hierbei besuchte er unerkannt selbst etliche Klöster.*[67]

Martin Luther als Jäger – das ist mit Recht ein seltsames Bild. Aber es gibt authentische Beschreibungen seiner Jagderlebnisse, so in einem Brief Luthers an Spalatin, den er auf der Wartburg verfasst hat. Darin heißt es: *Ich bin am 12ten und 13ten August zwei Tage mit auf der Jagd gewesen,*

um das ›süßbittere‹ Vergnügen der Helden auch einmal kennen zu lernen. Wir haben zwei Hasen und ein paar arme Rebhühner gefangen, eine für müßige Leute recht würdige Beschäftigung! Ich aber wurde auch dort unter Jagdgestell und Meute die theologischen Gedanken nicht los; und wie viel Freude mir das Zusehen auch gemacht hat, soviel Mitleid und Schmerz mischte sich dazwischen, als ich hier ein Sinnbild dafür fand, wie der Teufel durch sein Jagdgestell und durch seine gottlose Meute von Lehrmeistern, von Bischöfen und Theologen solche unschuldigen Tierlein jagt. Auch dieses gar so traurige Sinnbild von den einfältigen und gläubigen Seelen war mir allzu gegenwärtig. Dazu kam ein anderes Sinnbild, noch schmerzender. Es war mir gelungen, ein Häschen lebendig zu kriegen, und ich hatte es, um es zu retten, in meinen Rockärmel eingewickelt. Und nur kurz ging ich einmal davon weg, schon kommt die Meute, findet den armen Hasen im Rock. Dem wird der rechte Lauf abgebissen, ja er wird vollends erwürgt. So wüten Papst und

Satan, wie viel Seelen ich auch durch soviel Mühe zu retten versuchte, sie richten ohne Anhalten alles zu Grunde. So habe ich von dieser Jagd genug. Ich dachte mir das schöner, wenn mit Speerwürfen und Bogenschüssen Bären, Wölfe, Eber, Füchse und dergleichen gottloser Lehrmeister Zeug zur Strecke gebracht würden. Doch tröstete mich hier nun ein ganz nahe liegendes anderes Sinnbild von guter Bedeutung. Dass nämlich Hasen und andere unschuldige Tiere vom Menschen gejagt werden und nicht von Bären und Wölfen, das heißt räuberischen, habgierigen und derartigen Bischöfen und Pfaffen, das bedeutet: wir sollen in den Himmel und nicht in die Hölle als Beute eingebracht werden. Mathesius erzählte über diese Jagderlebnisse, man habe Luther, der auf der Wartburg schwere seelische Kämpfe durchfocht, zur Ablenkung mit auf die Jagd genommen: *Darumb nimbt man jn mitte ans gejaid, zu zeyten gehet er inn die Erdbeer am Schloßberg.*[68] Luther lehnte die Lieblingsbeschäftigung der Fürsten nicht ab, wusste er doch: *Den ein wulff muß ein Jar 100 Kue haben, als die recht weidleute sagen, Luchs, Fuchs, Dachs, Marder, Elltis (= Iltis), Geyer, Habicht fressen viel, ja eigentlich alles.*[69]

1523 war das anhaltinische Amt Wörlitz an der Grenze zum Kurkreis noch an Kursachsen verpfändet und wurde erst allmählich von Fürstin Margarethe von Anhalt ausgelöst. Als der Förster von *Reesen/Anhalt* auf der Jagd von einem Eber verletzt und darum auf einem Beine lahm wurde, bat Luther Kurfürst Friedrich um Hilfe für den wahrscheinlich auf einer sächsischen Jagd verletzten Mann und klagte gegen zu scharfe Inanspruchnahme höriger Leute auf kurfürstlichen Jagden.[70] In der Nähe dieser Wälder, lag, nach Aussage Meinhardis 1510, auf kursächsischem Gebiet ein Wald, in dem jährlich mehr als zweihundert Wildschweine erjagt wurden und in seiner Mitte eine Wiese, von der jährlich 100 große Fuder Heu eingefahren wurden. Wenn Luther zu den Fürsten von Anhalt nach Wörlitz oder Dessau fuhr, liebte er den Weg durch diese Wälder, die heute noch als Auwälder und Biosphärenreservat an der Elbe Begeisterung hervorrufen.

Die Jagd gehörte nicht nur zu den Lieblingsbeschäftigungen der Fürsten. Sie nutzten ihr Jagdprivileg zur Bereicherung ihrer Speisezettel, auf denen von Wildschweinen über Hirsche und Rehe, Fasanen und Rebhühner sogar Schwäne erschienen. In Zeiten knapper Futtermittel, die noch von immer wiederkehrender schlechter Eichel- und Bucheckernmast verschärft wurden, war die Jagd in Adelskreisen eine Möglichkeit, sich ausreichend mit Fleisch zu versorgen. Die Fürsten von Anhalt und die Kurfürsten von Sachsen schickten den Wittenberger Reformatoren und besonders Luther immer wieder Geschenke an Wildbret, ein Wildschwein, Hirschkeulen, Rehkeule, Hasen, Lachse – die Liste der Geschenke im Hause Luther ist besonders lang. Die Herren liebten die Jagd, beauftragten damit aber auch Bedienstete. Die kurfürstlichen Jägerknechte erhielten für Jagderfolge besondere Prämien, so im Sommer 1538 für 110 große Hirsche, 14 kleine Hirsche und sieben Rehe. Im Winterhalbjahr 1538/1539 erlegten sie einen Bären, 42 Keiler, 94 Bachen, 225 halbwüchsige Wildschweine und Frischlinge, fünf große Hirsche, 50 kleinere Hirsche und 86 Rehe. Jägermeister Heinrich von Schönberg und sein Nachfolger Hans Otto von Rohrbach zahlten ihnen für jeden erlegten größeren Hirsch und Bären neun Groschen, für die kleineren Hirsche sieben Groschen, für Wildschweine drei Groschen, für ein Reh und einen Frischling je einen Groschen Abschussprämie.[71] Als der Kurfürst 1540 von der schweren Erkrankung der Lutherin hörte, sandte er Wildbret, Reh und ein anderes Mal Hirsch, damit sie genese. Großzügig war man auch gegenüber Luthers ungenierten Bitten, wenn es um die Ausstattung eines Hochzeitsessens ging. Mit Luthers bekannten Vorlieben übereinstimmend fand man in den

Abfallgruben des Lutherhauses nur Knochen von Rothirschen und Feldhasen, keine von Wildschweinen,[72] obwohl auch Wildschweine häufig unter den Geschenken erscheinen.

Wer Wildbret essen konnte, war damals privilegiert. Die Masse der Bevölkerung durfte das nicht, hatte keine Gönner wie Luther und seine Freunde und man hungerte zuweilen sogar in Pfarrhäusern. So ist es wohl kein Wunder, wenn sich die Menschen, sobald sie die Gelegenheit hatten, vollfraßen und vollsoffen, eben der Völlerei hingaben.

Der Jäger, Holzschnitt von Jost Amman, 1568

Dr. Ratzeberger berichtete, Luther besuchte *gern an Sonntagen Landpfarrer und sagte dann zuvor die Predigt für sie an. Stets aber ließ er sich sein Essen im Hause bereiten und nahm dies und so viel Getränk mit, als er und seine ihn etwa begleitenden Tischgenossen brauchten, damit er dem Pfarrer nicht zu viel Kosten und Mühe bereite.*[73] Der Reformator kämpfte stets mit aller Kraft für eine gute Ausstattung und Bezahlung der Pfarrer, schrieb dazu dutzende Briefe und unterstützte die Visitationen, in denen es auch um den Zustand der Pfarrhäuser, ihre Ausstattung und Gehaltserhöhungen ging.

Bewegung hilft gegen Hartleibigkeit, bei Depressionen ein Gartenbesuch. So erzählte Justus Jonas über den Anfang von Luthers schwerer Erkrankung am 9. Juli 1527: *Nach der Mahlzeit ging er in mein Gärtlein, auszuschlagen seine Schwermuth und Traurigkeit und sich etwas zu erlustigen, saß allda, redete von mancherlei Sachen mit mir bei zwo Stunden.*[74]

2

Wunderdinge Gottes

Im Paradies,
Holzschnitt von
Hans Brosamer,
1550 (Lutherhaus)

Beschäftigung mit der Schöpfung

Noch vor dem Thesen-Anschlag versandte Luther im September 1517 an seine Erfurter Professoren *100 Thesen wider die Scholastiker*, in denen er mit der bisher an den Universitäten unterrichteten scholastischen Theologie und Naturphilosophie abrechnete. Dennoch hatten seine schulischen und universitären Studien ihm nicht nur ein umfassendes theologisches, sondern auch naturwissenschaftliches Wissen geschaffen. Darauf aufbauend entwickelte er in der *Zwei-Reiche-Lehre*, in der er die Natur gleichberechtigt neben den Glauben stellte und sie in ihrem Eigenwert erkannte, die These, dass Natur und Gesellschaft seinem Denken nach Sache der Obrigkeit, Dinge des Glaubens Sache der Kirche sind. Staat und Kirche werden getrennt. Auf diese Weise wurde einerseits der Weg zur Naturforschung an den Universitäten frei und andererseits konnte sich die Kirche ihrem christlichem Liebesgebot und dem sozialen Bereich widmen.

Doch wir sprächen wohl nicht von Luther, wenn der nicht sofort fragen würde: *Sind nicht alle Creaturen eines Vaters? Alles ist sein. Aber die Creaturen hat er uns zu unserm Brauch geschenkt, dass wir hier in diesem weltlichen Leben damit walten sollen.*[75] Um 1518 musste alles vor Luther und Melanchthon auf den Prüfstand. So wie sie fragten sich bald viele Menschen, wozu sie noch studieren müssten? Es steht doch alles in der Bibel! Um 1520 sanken die Studentenzahlen an der Wittenberger Universität. Nun war es an Melanchthon, darauf hinzuweisen, dass Luther die mathematischen Wissenschaften, zu denen damals Astronomie, Geodäsie, Physik und andere zählten, sehr schätze und sogar wünsche, die wissenschaftliche Beschäftigung mit Gesteinskunde und Botanik, also das Studium der Erze, der Bäume und Kräuter, fortzusetzen und auszubauen, denn, so Luther: *Er hat alles gnug fur uns geschaffen, alle Meere sind unsere Keller, alle Wälder unsere Jagden, das Erdreich ist voll Silber und Gold, und unzählige Früchte, so alle in unsern Willen geschaffen sind, und ist die Erde unser Kornkaste und Speisekammer.*[76]

Unsere naturwissenschaftlichen Kenntnisse sind seitdem sehr vorangekommen, doch was wissen wir über die Zusammensetzung des Bodens, das Wasser oder gar auch nur einen Wassertropfen? Luther predigte den Wittenbergern 1523/1524 in der Stadtkirche über das 1. Buch Mose im Alten Testament, die Genesis oder Schöpfungsgeschichte, und stellte fest: *Es ist nicht ein steublin noch tröpflin, damit Gott nicht zuschaffen habe und dasselbige treibe.*[77] Und er betrachtete das Wunder, das die Menschen schon damals fesselte: *So lesst Gott ym lentzen gras und kraut auffgehen, das alles grünet und blüet, so lang es sommer ist ...*[78]

Als er in seinen Predigten am 4. Tag der Schöpfungsgeschichte ankam, hielt er seinen Zuhörern vor: *Das sollen wir aber hieraus lernen, ... wie keine Creatur widder yhr wesen noch krafft von yhr selbs habe und nicht ynn yhrer macht ist, wie lang sie weren und bleiben sol, sondern hat alles sein ordnung von Gott, wie lang er will, das es weren sol, Das wir yhe sehen, wie Gott die gantze welt ynn seiner hand gewaltiglich helt, das sich nichts regen kann denn was und wenn er will.*[79] Heute diskutieren wir, ob es wirklich nötig ist, aufwändig

Gottvater
erschafft
die Welt,
Holzschnitt von
Lucas Cranach,
1527

Wildstraßen über die Autobahnen zu bauen und ob der
Nachweis eines Käferleins oder einer Fledermaus den Bau
von Brücken verhindern darf. Luther wusste um den Wert
jedes Wurms, jedes Insekts und jedes Pflänzleins für die
Schöpfung. Er wusste, die Tiere und Pflanzen verändern

sich und er ahnte wohl um die Evolution. Doch in seinem Glauben war ALLES Gottes Werk und hatte damit einen Platz in der Welt und trug zum Wunder bei, das uns umgibt. *Wenn sie aber uns fragen, warümb an eim ort korn, am andern ertz, saffran, yngwer (Ingwer) und ander ding wachse, das man sonst nicht und ander ding wachs an mehr örtern findet, so wollen wir antworten: Also stehet geschrieben ynn diesem ersten Capitel von dem dritten tage, das Got an dem selben hat von der erden durch sein wort lassen ausgehen gras, kraut, bewme und allerley gewechsse, ein yglichs nach seiner art,* und er betonte, dass Gott erst am vierten Tag Sonne, Mond und Sterne schuf, die also keinen Einfluss auf das Wachstum der Pflanzen haben können, weil die Pflanzen ja eher da waren als sie.[80] Schon sind wir wieder bei den vielen Widersprüchen in dem Menschen Martin Luther – Sonne, Mond und Sterne wurden am vierten Tage geschaffen, nach den Pflanzen, und warum sät er dann nach dem Mondkalender? Wie lange dauert ein Tag der Schöpfungsgeschichte?, fragte sich Luther. Es gab doch noch keine Zeitmessung! Er löste die Frage ganz pragmatisch: Wer will wissen, wie lange einer der Schöpfungstage dauerte? Es können nach unserem Verständnis Millionen Jahre vergangen sein, oder auch nur ein Monat oder Tag, eine Stunde. In seinen Wochenpredigten über Matthäus 5-7, die 1532 gedruckt erschienen sind, sagte er über die Zeit: *Denn die kunst kann unser Herr Gott, das er uns heimlich zeit und stunde kann verkürtzen und verlengern, das einem eine stunde wol zu vierzehen tagen wird und widderumb, Also das einer mit langer erbeit und mühe nichts mehr gewinnet denn ein ander mit kurtzer und leichter erbeit, wie man teglich fur augen sehen, das viel sind die bey schwerer, stetter erbeit kaum das liebe brod erwerben, und andere on sonderliche erbeit jr ding fein gefasset und geordnet haben, das es wol von stat gehet und in zufellt.*

Ihn beschäftigte die aus ihrer Fruchtbarkeit erwachsene Veränderlichkeit der Natur und erklärte: *Denn Gott hat allen die natur und geschicklichkeit ynn yhrem leibe geben, das sie künnen frücht zeugen und viel tragen, ... Aber fruchtbar kündten sie noch nicht sein, bis er weiter das wort uber sie spricht, und damit er sie segnet und heisset sich mehren. Das ist nu ein eingepflantzte natur, wie er oben ynn die erden gepflantzet hat die krafft das gras und bewme zu tragen. Wo er sie nur herfur bracht hette, würden sie die krafft nicht gehabt haben sich zu mehren, darümb ists yhr natur nicht, das sie junge zeugen, sondern ein sonderlich werck Göttlicher Majestet und seines worts odder segens ynn die natur gepflantzet.*[81]

So viele Menschen widmen sich nur ihren Alltagssorgen und sehen nicht die Herrlichkeit der Natur, doch *die blumlin auff dem feld, die von den kuen zutretten und fressen werden, ... sihe wie sie daher wachsen, so schön geschmückt mit farben und doch jr keines sorget noch dencket, wie es wachsen oder was es fur ein ferblin kriegen sol ... kleidet es Gott mit so schöner lieblichen farben ... noch ist der König mit alle seiner schönen pracht und schmuck nichts gegen einer rosen odder negelblumen odder violen auff dem feld ... – Odder wo zu sind sie geschaffen denn das sie einen tag odder zween da stehen und lassen sich sehen, darnach verwelcken und zu hew werden ...*[82]

Luther und Melanchthon waren niemals am Meer, mussten sich davon von ihren Freunden Jacob Probst in Bremen und Johannes Bugenhagen erzählen lassen. In seiner Predigt über den vierten Tag der Schöpfung sagte er den versammelten Zuhörern: *Von den Walfischen weys ich nichts sonderlichs zu sagen, one das dabey zu wissen ist, das er auch ein Herr des Meeres ist und darynne viel mechtige wünderliche und ungeheure thier machet. Ich halt auch, das sichs viel mehr mehret und ein grossere menge von fischen ym wasser ist denn anderer thier auff dem land, und freilich das wasser das reichest Element ist.*[83] Heute wissen wir, er hatte recht. Kaum ein Element ist weniger erforscht und doch reicher an Leben als das Wasser. Erst vor wenigen Jahren haben Japaner einen in der Tiefsee lebenden Riesenkraken erstmals leibhaftig gesehen. Bis dahin galten die Kraken als Hirngespinste verwirrter Seeleute. So wie wir uns bemühen, die Urwälder abzuholzen, so sind wir dabei, die Weltmeere leer zu fischen und kennen längst nicht alle Arten, die darin leben. Immerhin wissen wir, wie Luther, dass die Meere wahrscheinlich die artenreichsten *Elemente* oder Ökosysteme sind oder es angesichts unserer Trawlerflotten und des Plastikmülls in den Meeren vielleicht schon waren.

Der Garten Eden – *Eden bedeutet Lust, man bedeutete es um in: ›Paradisum voluptatis‹, das ist wie wir sagen, ein hübschen lust garten, darynne allerley bewme waren lieblich zusehen und lüstig zu essen, und unter diesen zween sonderliche bewme, mittem im garten gegen dem morgen, ein bawm des lebens und ein bawm, an dem man lernete was gut und böse were. ... Hie ist nu die frage, wo das Paradis ynn der welt sey. Das es auff erden ist mus man zu lassen, denn da stehet der Text ›Gott hat gepflantzt ein garten ynn Eden gegen dem morgen‹, so müssens auch natürliche bewme sein wie unsere, ... Es mus hie auff erden sein und müssen auch die beuwme seyen, die Gott ym ersten Capitel geschaffen hat. Zum andern ist ja Adam auff der erden geschaffen und dazu geordenet, das er darauff sein solt, und wird darümb yns Paradis gesetzt, Das ERS BAWEN VND BEWAREN Sol.*[86]

Jedermann weiß, am Ende der Woche, in der Gott (oder war es denn doch die Evolution?) unsere wunderbare Welt erschaffen hat, da schuf er auch noch den Menschen und *ehe Adam ein wort sagt noch gebetet hatte, ja ehe er denckt, wo er sich erneeren sol, kömpt Gott zuvor und gibt yhm alles kraut, das sich besamet, das ist allerley getreyde, korn, weitzen, rocken, gersten, habern (Hafer), hirsen, reis etc. das er sich davon neere, daher wir auch unsere speise haben ... zum andern gibt er nicht allein das, sondern auch allerley bewme und früchte, öpffel, byrn, wein trauben, feygen, öel etc. daraus man nicht allein speise, sondern auch getrenke machet. Also hat er den menschen versorget mit essen und trincken, Wo hat er aber die kleyder gelassen? ...*[84]

Die Welt, in der die ersten Menschen lebten, war seiner Meinung nach ein Paradiesgarten: *Und Gott der Herr pflanzte einen Garten in Eden gegen den Morgen und setzet DEN MENSCHEN darein, den er gemacht hatte. Und Gott der Herr lies aufwachsen allerlei Bäume lustig anzusehen und gut zu essen und den Baum des Lebens mitten im Garten und den Baum der Erkenntnis des Guten und des Bösen ...*[85]

ADAM SOLL DAS PARADIES BEBAUEN UND BEWAHREN! – eine jahrtausendealte und grundlegende Erkenntnis, will man das Wunder der Natur erhalten, wie es nun einmal Aufgabe aller Menschen ist, die sich keinen neuen blauen Planeten schöpfen können.

In Luthers Wochenpredigten über Matthäus 5–7, die 1532 in Druck erschienen, finden wir die folgende Überlegung: *Denn ob ich gleich unwürdig bin, bin ich doch seine Kreatur, Und weil er mich würdig gemacht hat, das ich seine Kreatur bin, so bin ich auch würdig, zu nehmen was er mir zugesagt hat und so hoch anbietet.*

Adam rodet den Wald und Eva stillt ihr Kind, Kupferstich von Heinrich Aldegrever, 1540

Am Weihnachtstage 1538 sann Luther nach: *Oh, welch tiefe Meditation über Gott in allen Kreaturen wäre dem Menschen doch möglich gewesen, so dass er schon in den kleinsten Blütenblättchen die Macht und Weisheit Gottes wahrgenommen*

Flockenblume

hätte! Denn wahrlich, wer kann das ausdenken, wie Gott das schafft aus dem dürren Erdreich, so mancherlei Blümlein, so schöne Farben, lieblichs Geruchs, die kein Maler noch Apotheker (gemeint ist sein Freund, der Maler Lucas Cranach) also machen könnt; dennoch kann Gott grüne, gele, rote, blau, braune Farb aus der Erde bringen.[87]

Naturstudien an der Leucorea

Der Reformator Philipp Melanchthon liebte es, in seinen Vorlesungen und Reden über Heilpflanzen und deren Wirkungen zu sprechen. Er kannte auf allen möglichen Gebieten die neuesten Bücher und setzte sich sogar mit medizinischer Fachliteratur auseinander. Und er förderte junge Professoren und Studenten bei ihren Studien. So wurde die Wittenberger Universität auch auf dem Gebiete der praktischen Anatomie zu einer der fortschrittlichsten Universitäten ihrer Zeit, an der man sich schnell neues Wissen aneignete und zum Beispiel eigene Erkenntnisse aus der Sektion von Rindern und Schweinen schnell korrigierte, wenn sich neue Erkenntnisse aus Sektionen hingerichteter Verbrecher ergaben. Melanchthon nahm entscheidenden Einfluss auf die Universitätsreform im 16. Jahrhundert und wurde so *Praeceptor Germaniae*, Lehrer Deutschlands, mit größter Bedeutung für die Hochschulgeschichte der Welt. Sein Interesse galt neben der Theologie und Pharmakologie den mathematischen Wissenschaften, zu denen die Astronomie zählte. Sie wollte er als christliche Wissenschaft an der Universität etablieren und gab 1531 erstmals das auf dem Ptolemäischen Weltsystem beruhende Buch die *Sphaera* des Sacrobosco heraus. Mit Hilfe dieses Lehrbuches, das hier immer wieder neu verlegt wurde und Wittenberg zu einem Zentrum des Drucks astronomischer Bücher machte, wurden den Studenten im Basisstudium an der *Artistischen Fakultät* astronomische Grundbegriffe vermittelt. Auf Betreiben Melanchthons hatte seit 1536 sein Schüler Joachim Rheticus den Lehrstuhl für Mathematik inne und förderte die Neuausgaben der *Sphaera*. Im Herbst 1538 reiste Rheticus zu den damals sehr berühmten Mathematikern Johann Schoner in Nürnberg und Apian in Ingolstadt. Schoner, der ein Freund Melanchthons war, interessierte sich wie dieser für Heilkunde und machte Rheticus auf die neuen Erkenntnisse des Kopernikus aufmerksam. Mit Unterstützung Melanchthons eilte Rheticus nun nach Frauenburg, um von Kopernikus zu lernen und überwachte die Herstellung der Holzschnitte und Drucklegung von dessen Veröffentlichungen. Anschließend kehrte Rheticus zurück, durfte seine neuen Erkenntnisse aber nicht in seinen Vorlesungen vortragen: *Es wurde mir befohlen, wiederum über die Sphaera des Joh. de Sacrobosco vorzutragen.* Immerhin konnte er bei Luthers Bibeldrucker Hans Lufft eine Ausgabe von Kopernikus' *Trigonometrie* drucken lassen. Rheticus ging im Wintersemester 1542/43, sicherlich enttäuscht von seinen Lehrern, an die Leipziger Universität.

Am 18. Januar 1538 beobachteten die Professoren Luther, Melanchthon, Jonas, Milich und Reinhold einen großen Kometen und diskutierten dessen Bedeutung, wobei Luther sich besorgt über das Himmelszeichen für ein bevorstehendes Eingreifen Gottes äußerte. Luther beobachtete am 18. April 1539 um 16 Uhr eine Sonnenfinsternis und eine weitere Sonnenfinsternis am 7. April 1540 von 5 bis 7 Uhr. Auch wenn ihm die neuen astronomischen Forschungen und Erkenntnisse fremd blieben, er interessierte sich für die Himmelszeichen. Die Professur für Höhere Mathematik und Astronomie hatte seit 1536 Erasmus Reinhold aus Saalfeld inne. Dieser Lehrer des Rheticus beschäftigte sich ebenfalls mit der Kopernikanischen Lehre und ihm gelang es 1551, mit der Herausgabe der *Preußischen Tafeln,* die noch bestehenden mathematischen Mängel der Lehre zu beseitigen, die Melanchthon die neuen Forschungsergebnisse hatten abweisen lassen.

Melanchthon am Brunnen im »Weinberg des Herrn«, Gemälde von Lucas Cranach d. J., 1569 (Stadtkirche Wittenberg)

Kräutergarten
an der
Konradsburg

Angeregt von seinen Steinleiden und Schlafstörungen beschäftigte sich Melanchthon intensiv mit Pflanzenkunde,
machte botanische Spaziergänge und gab vor seinen Studenten botanische Demonstrationen. Neben der Lutherin,
Dr. Matthäus Ratzeberger und den Professoren Augustin
Schurff, Caspar Lindemann und Jakob Milich, war er es, der
sich im Krankheitsfalle um Luther kümmerte. Vielleicht, so
Stefan Rhein, war ja der Kräutergarten am Melanchthonhaus
gar nicht der seiner Ehefrau Katharina, wie man immer
vermutet hat, sondern seiner.[89] Auch Melanchthon besaß
wohl nicht nur einen Garten am Haus, sondern mindestens
einen weiteren, in dem 1554 eine Magd, die die Kirschen
bewachen sollte, vom Blitz erschlagen wurde.

Das Studium der Heilpflanzen wurde mangels moderner
chemisch hergestellter Arzneimittel zu einem wichtigen

Bestandteil der Medizin. 1533 wurde in Padua ein Lehrstuhl der Pharmakologie eingerichtet und dort der älteste noch bestehende Botanische Garten einer Universität begründet. In Wittenberg nahm das Interesse an der Heilpflanzenkunde stetig zu. Im Wintersemester 1532/33 kamen der Medizinprofessor Caspar Lindemann und seine Frau Margarethe nach Wittenberg. Lindemann war über Luthers Mutter mit dem Reformator verwandt und ebenfalls in Eisleben geboren. Der Anatom beschäftigte sich in Wittenberg auch mit medizinischer Botanik. Am 23. September 1534 führte er zu Lehrzwecken die Obduktion einer weiblichen Leiche durch. Lindemann wurde am 6. September 1536 begraben. Die Epitaph-Inschrift in der Stadtkirche stammt von Melanchthon.[90]

Nach Lindemanns Tod promovierte Melanchthons ehemaliger Tischgenosse Jakob Milich 1536 und übernahm Lindemanns Lehrstuhl für Anatomie. Neben Melanchthon besaßen auch der Theologe Caspar Cruziger und der Professor für Poesie Johannes Marcellus hervorragende Kenntnisse in Botanik, befassten sich mit Heilpflanzen und hatten eigene Gärten. Cruziger besaß zwei Gärten und interessierte sich seit 1543 wie Rheticus und Reinhold für die Kopernikanische Lehre.[91] Das hat Melanchthon, der die noch bestehenden Mängel in der These des Kopernikus deutlich sah, nicht gehindert, seine Freundschaft zu Cruziger und Reinhold fortzuführen. Er hat sogar nach Cruzigers frühem Tod eine Laudatio auf den Verstorbenen verfasst, darin auf dessen Hinwendung zu Kopernikus verwiesen und die Laudatio von Reinhold vortragen lassen.

Am 18. Oktober 1539 wurde Valerius Cordus immatrikuliert und lebte im Lutherhaus. Er galt seit frühester Jugend als genauer Kenner des Apothekenwesens und Arzneischatzes. In Wittenberg ging er in Cranachs Apotheke ein

Apotheken gab es im 16. Jahrhundert nicht in jeder Stadt. Um eine Apotheke führen zu können, benötigte man schon damals eine umfangreiche Ausbildung, zu der auch gründliche botanische, mineralogische und chemische Kenntnisse gehörten und die Privilegierung durch die Obrigkeit. Nicht nur in Wittenberg stand die Apotheke unter besonderer Aufsicht, hier der Medizinischen Fakultät, ausgeübt durch ihre Professoren. Der Apotheker hat in dieser Zeit sehr viele seiner Medikamente selbst hergestellt. In seiner Arbeitsbibliothek standen seit der Mitte des 16. Jahrhunderts gedruckte Kräuterbücher und über den Rezeptiertischen, an denen destilliert, extrahiert, pulverisiert wurde, an denen balsamische Salben gemixt wurden und Pillen gedreht, hingen Kupferstiche mit Darstellungen der wichtigsten Arzneipflanzen. Die Pflanzendrogen stammten oft aus der Umgebung. Wurzelkrämer und Kräuterweiber sammelten für den Apotheker, was sie ihm nicht bringen konnten, musste er zusätzlich erwerben. Unter den Menschen und vor allem unter den Frauen waren damals noch umfangreiche medizinische Kenntnisse vorhanden. Dafür berühmt geworden ist Luthers Frau Katharina von Bora, die ihm so oft als »Hausärztin« zur Seite gestanden hat.

und aus und wurde ein guter Freund von Cranachs späterem Schwiegersohn, dem damaligen Apothekergesellen Caspar Pfreundt. Freundschaft schloss Cordus auch mit dem ebenfalls im Lutherhaus lebenden Medizinstudenten und späteren berühmten Arzt Johannes Crato von Krafftheim. Sie dürften mit dem Lutherpaar einen spannenden Wissensaustausch geübt haben. Cordus hat in Wittenberg Medizin und Naturkunde studiert und war ein eifriger und geliebter Schüler Melanchthons, der ihn veranlasste, nach Abschluss seines Studiums selbst Vorlesungen zu halten. 1542 wurde seine bedeutendste Schrift *Dispensatorium pharmacorum omnium* auf Befehl des Nürnberger Rates Grundlage des dortigen Apothekenwesens. Cordus hat bei der Erstellung dieser ersten *Pharmacologie* eng mit Caspar Pfreundt zusammengearbeitet. Pfreundt wurde auf diese Weise zu einem der ersten Apotheker, die an der Erarbeitung eines wissenschaftlichen Buches zu ihrem Fachgebiet mitgearbeitet haben. Cordus starb 1544 auf einer

Apotheke,
Holzschnitt,
1584

Studienreise in Rom an den Folgen eines Unfalles. Auch
im Kurfürstentum Sachsen arbeitete man schon früh nach
seinem *Dispensatorium*, das 1546 in Frankfurt erstmals gedruckt wurde und sich dann rasch in Europa verbreitete.
Schon 1548 wurde in Paris ein Nachdruck hergestellt, 1556
in Venedig und 1561 in Antwerpen, aber kein Druck in der
damals so bedeutenden Buchdruckstadt Wittenberg.

1541/42 hatte Cranach, einer Eintragung im Nürnberger
Ratsbuch vom 14. Juni 1542 zufolge, seine Apotheke durch
Valerius Cordus visitieren lassen. Offenbar arbeiteten Cordus und Pfreundt dabei intensiv zusammen und legten ihrer
Arbeit Cordus' *Dispensierbuch* zugrunde, das von Pfreundt
mit Fußnoten ergänzt wurde. Es ist die Blütezeit der Kräuter-
medizin. Die Arbeit gerade dieser beiden Forscher hatte
einen großen Einfluss auf die Volksmedizin, denn an ihren
Exkursionen nahmen immer wieder auch Studenten teil
und offenbar wurde ihr Wissen durch ihre enge Bindung
an die Wittenberger Bürger und deren Gäste weiter verbreitet. Im Sommer 1543 heirateten Pfreundt und die jüngste

Tochter Cranachs d. Ä., Anna, ein Patenkind Martin Luthers. Nach dieser Hochzeit wurde Pfreundt durch seinen Schwiegervater vom Gesellen zum Provisor der Apotheke erhoben. Mit Beginn seiner Tätigkeit hörten die anhaltenden Klagen über die Apotheke auf und begannen erst wieder nach seinem Ableben. Durch die Eheschließung gelangte der junge Mann in den Besitz des Hauses Markt 4 mit der Apotheke und baute dort die heutige Hofanlage.

1542/43 setzte Johann Kentmann aus Dresden sein 1540 in Leipzig begonnenes Medizinstudium in Wittenberg fort. Es ist also wahrscheinlich, dass Kentmann Cordus und Pfreundt in Wittenberg kennengelernt hat. Zu diesem Kreis der an Botanik besonders interessierten Medizinstudenten gehörte auch Christophorus Leuschner. 1542 erwarb Leuschner in Wittenberg den Magistergrad. Auch ihn und Kentmann zog es zu Studienzwecken nach Italien. Kentmann wurde dort sogar ein Jahr lang Kustos des erwähnten Botanischen Gartens in Padua. Später wurde er Stadtphysikus, Botaniker und Autor eines berühmten Kräuterbuchs in Torgau.[92]

Der wie Pfreundt in Saalfeld geborene Caspar Ratzenberg, nicht zu verwechseln mit Dr. Matthäus Ratzeberger, begann sein Studium in Wittenberg 1554 und dürfte von Pfreundt gelernt haben. Ratzenberg unternahm ausgedehnte Bildungsreisen nach Süddeutschland, Italien und Frankreich. Um 1564 wurde der in Montpellier zum Doktor promovierte Mediziner praktizierender Arzt in Naumburg und schuf dort mit einem *Hortus medicus* einen Heilpflanzengarten. Getrocknete Heilpflanzen sammelte er in seinem *Herbarium vivum – Lebendig Kreuterbuch mit einem Verzeichnis aller Gewechse, Beume, Stauden, Heckenkreuter, Wurtzeln, Blüte, Blomen, Früchte, Saamenn, Gummaten, Hartziehenn Safften, Gewürtz, Getreide, Meer- und Wassergewechsen, so in Deutsch, Frankreich und Welschenn Landen, in Hispanien,*

Botaniker,
Holzschnitt
aus dem
16. Jahrhundert

Indien, Türkey und andernn Orten der newen Welt wachsende
durch mich ... selbst eingesamlett, zum theill aber ims meinem
Lust- und Kreutergarten selbst geziehett und gepflanzett ...[93]

1565 schrieb Ernestus Reuchlin von Geusing in einem
in Wittenberg gedruckten Pestbüchlein über Pfreundts universitäre Ausbildung: *Es muß aber nicht der Theriack sein,*
den uns die Hudeler vor Venedisch oder Alexandrinisch ver-
kauffen, ich halte es vor gebackene Birn un Lorbern zugericht,
sondern sie sollen in von dem vol gelerten, vnd erfarnen Herrn
Caspar Pfreundt, Apothecker zu Wittenberg lassen holen, der
hat in rechtschaffen in beyseyn der Herrn Doctoren aldo dispen-
siret und zugericht ...[94] Der medizinisch-botanische Unterricht in Wittenberg stellte für lange Zeit einen Höhepunkt
der universitären Ausbildung auf diesem Gebiet in Europa
dar. Die Apotheke Cranachs und der Fürstengarten in Torgau dienten unter der Leitung Pfreundts zur Ausbildung
der Medizinstudenten in Arzneimittelkunde.[95]

69

Keine Kräuterbücher
in Wittenberg gedruckt

Im Jahre 1522 verließ der ehemalige Mönch Otto von Brunfels Wittenberg. Offenbar hatte er in Wittenberg Vorlesungen gehört, vielleicht sein Idol Martin Luther persönlich kennengelernt und ganz bestimmt hat er Cranachs Apotheke besucht. Er ging nach Straßburg und lehrte an der Karmeliterschule. In Straßburg gab er bei dem Buchdrucker Johann Schott, der selbst enge Beziehungen nach Wittenberg unterhielt, verschiedene Bücher heraus. Außerdem widmete er sich botanisch-medizinischen Studien. Brunfels promovierte 1530 in Basel zum Doktor der Medizin und starb 1534 als Stadtarzt in Bern. Er war ein Freund des Hieronymus Bock. Sie beide und Leonhard Fuchs wurden die Begründer der wissenschaftlichen Botanik in Deutschland. Brunfels gab als Erster ein mit Holzschnitten versehenes *Herbarium vivae icones* heraus. Einheimische Pflanzen wurden hier erstmals systematisch beschrieben und geordnet. Brunfels versuchte, die griechischen, lateinischen und arabischen Pflanzenbeschreibungen der älteren pharmakologischen Literatur zu vereinheitlichen und eine Nomenklatur zu schaffen. So wurden die Pflanzen nicht, wie üblich, nach dem Alphabet einsortiert, sondern nach Pflanzenfamilien geordnet. Jeder Beschreibung folgte der Absatz *Kräfft und Artzney.* 1529 entstanden in Straßburg die botanisch vorzüglichen Vorzeichnungen von Hans Weiditz. Nach der in lateinischer Sprache erschienenen Erstausgabe brachte Schott in Straßburg im Jahre 1532 auch eine handlichere deutsche Ausgabe heraus. Dennoch waren die von Schott verlegten Bücher, gerade wegen der kostenintensiven Holzschnitte, ein finanzieller Fehlschlag. Den Käufern genügten sie damals nicht, sie verlangten nach Farbe oder wenigstens nach verstärkten Schraffierungen. Eine Klage gegen den Druck und Vertrieb eines *Kreutterbuchs* des Verlegers Christian Egenolff vor dem Kammergericht brachte Schott keinen Erfolg. Lucas Cranach d. Ä. hat den lutherischen Theologen, Botaniker und Arzt Otto von Brunfels, den er wahrscheinlich bei dessen Aufenthalt in Wittenberg kennengelernt hatte, um 1530 porträtiert. So können wir sicher sein, dass sich der Botaniker

Hanf, Holzschnitt von Hans Weiditz, 1529

und der Maler gekannt haben, wissen aber nicht, wann, wo und warum die Porträtaufnahme entstanden ist. Das Porträt entspricht dem Titelholzschnittporträt des Brunfels von Hans Baldung Grien aus dem Jahre 1535 auf den in Straßburg erschienenen *Annotationes* des Botanikers.

Cranach d. Ä. hat mindestens einen der drei bedeutenden Botaniker des 16. Jahrhunderts persönlich gekannt. Man darf davon ausgehen, dass ihm, vielleicht durch seine Zusammenarbeit mit Melanchthon auch Hieronymus Bock, der Landsmann des Bretteners und Freund von Brunfels bekannt gewesen ist. Da ungeklärt ist, in welchem Zusammenhang und wo er Brunfels porträtiert hat, kann man nur darüber spekulieren, ob er dabei vielleicht auch Hieronymus Bock persönlich kennengelernt hat. Als das Bild entstand, war Brunfels gerade mit seiner Doktorpromotion beschäftigt und er war, gemeinsam mit Hans Weiditz, dabei, wunderbare Aquarelle von Pflanzen nach der Natur zu schaffen. Die Holzschnitte, die auf Grundlage dieser Bilder entstanden sind, gelten bis heute zu Recht als Höhepunkt der Pflanzenillustration. Wie könnten der Botaniker Brunfels und der Maler Cranach nicht über diese Arbeit gesprochen haben und über die damit verbundenen Probleme. Cranach d. Ä. galt Zeitgenossen als großer Maler von lebensechten Darstellungen von Pflanzen und Tieren, hat vor allem auf seinen frühen Tafeln viele Pflanzen erstmals dargestellt und kannte deren symbolische Bedeutung genauso gut wie später sein Sohn. In seiner Apotheke verkehrten viele Kenner der Heilpflanzen. An der Universität widmeten sich nicht nur Mediziner, sondern auch viele Theologen den Pflanzen. An hervorragenden Autoren hätte es in Wittenberg gewiss nicht gefehlt und die Darstellungskunst war auf jeden Fall vorhanden. Dazu kam, dass sich Cranach d. Ä. aktiv mit dem Verlag und sogar mit dem Druck und mit der Illustration der Bücher Luthers beschäftigt hatte. Er kannte das Buchgeschäft aus eigener Erfahrung ganz genau und wusste auch um dessen Risiken. Sie waren ihm zu hoch erschienen und er hatte sich aus der Verlagsgemeinschaft mit seinem Freund und Nachbarn Christian Döring herausgezogen. Christian Döring ging in den folgenden Jahren in Konkurs und starb darüber voller Gram. Probleme mit dem Nachdruck nicht nur lutherischer Schriften wurden wiederholt beschrieben. Cranach und die Wittenberger Drucker und Verleger waren in diese Auseinandersetzungen so involviert, dass sich selbst Luther in ihrem Sinn eingeschaltet hat. Andererseits kann man davon ausgehen, dass Cranach die oben erwähnten Verleger von Kräuterbüchern, die alle auch Lutherdrucker gewesen sind, von Messebesuchen in Frankfurt persönlich kannte. Cranach besaß die Liebe zu den Pflanzen, die Kunst der Darstellung, er hatte Fachleute und damit Autoren zur Hand, er verfügte zeitweise über eine Druckerei im Hause und kannte sich sowohl im Verlags- als auch im Buchhandelsgeschäft gut aus. Geld war ebenfalls vorhanden. Er hatte alle nur denkbaren Voraussetzungen für die Herstellung und den Druck hervorragender *Kräuterbücher* und hat sich offensichtlich vor allem aus wirtschaftlichen Gründen dagegen entschieden.

3

Die Ackerbürgerstadt Wittenberg versorgt den Hof und die Universität

Der Kurkreis als Kornkammer des Kurfürsten

1523 beschrieb der Dominikaner Johann Dietenberger in einem Brief an Johannes Cochläus *Das arme, elende, kotige Städtchen Wittenberg, gegen Prag kaum eine Stadt dreier Heller wert, ja nicht wert, dass sie soll in deutschem Land eine Stadt genannt werden, welche vor zwanzig Jahren Gelehrten und Ungelehrten unbekannt war, eine ungesunde, unliebliche Erde ohne Weingärten, ohne Baumgärten, ohne fruchtbare Bäume, eine bäurische Kammer, rauh, Frost halb, ohne Freud, ganz kotig. Was ist doch in Wittenberg, wenn das Schloß, Stift und Schule nicht wären? Sähest ohne Zweifel nichts anderes da, denn lutherische, d. i. kotige Häuser, unreine Gassen, alle Wege, Stege und Straßen voll Kots, ein barbarisch Volk, die keine andere denn bäurische Händel treiben und dreihellische Kaufmannschaft. Ihr Markt ist ohne Volk, Stadt ohne Bürger, kleinbürgerliche Kleidung da, großer Mangel und Armut der Einwohner.*[96]

Abwertende Stimmen über ihre Stadt gab es damals auch in Reihen der Reformatoren und sogar von Luther. Nur unser Werbefachmann, der Magister Meinhardi, sah das 1508 ganz anders, denn *In Wirklichkeit nämlich ist das Land hier die gefüllte Kornkammer für fast alle umliegenden Städte: Winter- und Sommerweizen, Gerste und Hafer werden* an alle Städte verteilt, und die Stadt selbst ist überreich an allem anderen, was zur Ernährung der Menschen nötig ist. Es gibt hier einen Überfluss an frischem Fleisch: Kalb, Rind, Hammel, Schwein, Ziege und Lamm können zu einem vernünftigen Preis eingekauft werden. Auch an Wild ist eine große Auswahl vorhanden: Hirschfleisch nämlich, Wildschwein, Bär und Hase sind während der Saison zu niedrigen Preisen zu haben.[97] In den folgenden Jahren sollte die Stadt sich stark verändern.[98] 1513 hatte sich die alte Kurstadt Wittenberg längst aus den Fesseln persönlicher Abgaben und Dienste ihrer Bürger an den Landesherrn gelöst und zahlte im Gegensatz zu den umliegenden Amtsdörfern eine festgelegte Summe Geld. Da sie das Salzmonopol innehatte, gehörte aber noch eine größere Salzlieferung zu ihren Zahlungen. Die Wittenberger Vorstädte und die Grünstraße, in der vor allem Gärtner/ Krauter lebten, hatten diese Gunst noch nicht erlangt und zahlten Geld und Hühner, die Grünstraße auch bestimmte Mengen an Korn und der Sonderkultur Mohn.

in Wittenberger Scheffel								
	Geld	Korn	Hafer	Gerste	Weizen	Hühner	Mohn	Salz
Stadt Wittenberg	299s.							12
Vorstädte Wittenberg	13g.3d.					196/202		
Grünstraße	4s.19g	48				60	6 1/2	
Pratau	34s.8g	18	250	18	16	200		

Abgaben der Stadt Wittenberg und Prataus an das Amt Wittenberg 1513[99]

Zur Versorgung der Stadt mit ihrer wachsenden Universität genügte natürlich die Wirtschaftskraft der Bürger und ihrer Äcker nicht. Bisher gibt es sehr wenig Literatur über die einzelnen Dörfer des Kurkreises, die zur Lutherzeit Amt und Wittenberger Markt mit frischen Lebensmitteln versorgten. Darum schauen wir einmal auf Vorwerke des Amtes, das, wie die reicheren Bürger, nach Selbstversorgung und möglichem Überfluss, der sich vermarkten ließ, strebte. Berechnungen haben ergeben, dass das Amt Altenburg, das um 1493 wirklich als Kornkammer galt, damals dreimal mehr Gewinn aus dem Getreidehandel erlöste als das Amt Wittenberg.[100] Die Vorwerke Pratau und Bleesern erzeugten zwischen dem 1. Mai und 25. November 1513 3520 Scheffel Getreide, nämlich 40 Scheffel Weizen, 450 Scheffel Korn, 1330 Scheffel Gerste und 1700 Scheffel Hafer. Dazu kamen 30 Scheffel Erbsen, 16 Tonnen Butter und 35 bis 36 Tonnen Käse. Seit 1513 wurde der Ertrag aus der Viehzucht, aber auch aus dem Ackerbau, beträchtlich erhöht.[101] In der Landwirtschaft setzte nun eine Intensivierung ein. Durch Vergrößerung des Bestandes, durch Zuchtversuche in der Viehhaltung und durch eine Verbesserung der Gartenkulturen suchte man eine Erhöhung der Rentabilität der Landwirtschaft zu erreichen. Hemmnisse kamen aus der bis ins 19. Jahrhundert herrschenden Dreifelderwirtschaft. Bauern konnten nicht selbstbestimmt anbauen, waren von ihren Nachbarn abhängig und konnten nur als Dorfgemeinschaft handeln, denn zwischen den Feldern gab es keine Wege und die Brache wurde als Weide oder zum Anbau von Hülsenfrüchten genutzt. Zudem gibt es einen Kreislauf zwischen Viehhaltung und Ackerbau – man kann die Viehhaltung nur erhöhen, wenn man genügend Viehfutter auch im Winter hat, man kann den Futteranbau nur intensivieren, wenn man genügend Mist als Dünger hat. Dazu kam, dass viele Dörfer und die Vorwerke in der Elbaue

Auch bei leichtem Elbehochwasser werden die Wiesen der Elbaue überschwemmt wie hier im Juni 2013

liegen und regelmäßig mit Hochwassern und Überschwemmungen zu kämpfen hatten. Davon sind teilweise auch Äcker und Gärten der Bürger im Weichbild der Stadt betroffen, wie das Hochwasser 2002 den Wittenbergern ins Gedächtnis gerufen hat. Trotz dieser Hindernisse konnte das Vorwerk Bleesern Ertragssteigerungen in den Rechnungsjahren 1494/1495 bis 1509/1510 bei Korn um 63%, bei Gerste um 33%, bei Hafer um 138% und Erbsen um 67% vorweisen. 1494/95 wurde hier noch kein Weizen angebaut.

Laut Thomas Lang vom Forschungsprojekt *Ernestinisches Wittenberg* lieferten um 1455 vor allem die Ämter Schweinitz, Wittenberg und Torgau Vieh für den Hof. Schweine und Speckseiten kamen vor allem aus Wittenberg. Die kurfürstlichen Vorwerke bauten ihre Viehzucht aus, für die neues Gesinde eingestellt und Ställe gebaut wurden. Um 1505 wurden mehr als 300 Rinder, 700 Schweine, 1100 Hühner und 2000 Schafe in den Vorwerken gehalten. Dazu kamen noch die Abgaben. Die Gesindewohnungen in den Vorwerken hatten einfache Kachelöfen zur Heizung und waren teilweise mit Ziegeldächern und sogar Glasfenstern, wenn auch geringer Qualität, ausgestattet. Im Vorwerk Bleesern wurde 1506 eine eigene mit Öfen versehene Badestube eingebaut. Es hatte um diese Zeit etwa 130 bis 150 Pferde. Der Fohlenknecht des Vorwerks war nach dem Vorwerksvogt der bestbezahlte Angestellte und erhielt Huldgeschenke und Sonderzahlungen für ein Hofgewand.[102]

Kurfürstliches Vorwerk Bleesern 1516 (Amtsrechnung nach Oppermann)	Gulden	Groschen	Pfennige
Zwischen dem 1. Mai und 25. November 1516 wird vom Vorwerk Bleesern ausgegeben: Gesindelohn für das ganze Jahr	24	17	
Für Wagen, Pfluggeschirre und täglichen Bedarf des Vorwerks	2	55	
Für Baureparaturen	3	22	3
Drescherlohn	5	3	
Kost für zwölf Personen auf das Jahr berechnet	48		
Summe der Ausgaben	83	47	3
Reinertrag	73	49	6

Die Abrechnung des Vorwerks Bleesern macht die Probleme der damaligen Landwirtschaft deutlich – trotz aller Bemühungen erwirtschaftete man ein Minus von beinahe zehn Gulden. Hätte man das Vorwerk aber nicht betrieben, hätte es an Lebensmitteln gefehlt, ein Teufelskreis.

1497/98 nahm das Amt insgesamt
4451 Gulden ein, die aber nicht in der
Schatulle des Kurfürsten landeten,
sondern in den Neubau des Wittenberger Schlosses und der Schlosskirche flossen. Die Einnahmen wurden von nun an weiter in Bauten des
Fürsten, die Universität und den Unterhalt des Schlosses und der Schlosskirche gesteckt.

Weidegründe besaßen nur die
Herren, doch die Bauern waren zum
selbständigen Wirtschaften und zur
Marktorientierung gezwungen. Sie
konnten auf die Haltung von Vieh nicht
verzichten und fanden die Lösung in
der gemeinschaftlichen Weide aller
Dorfgenossen. Diese gemeinschaft-

Schweine-
herde bei der
Eichelmast

lich genutzte *Allmende* war, neben der Dreifelderwirtschaft,
Grundlage der Dorfgemeinden, und musste gegen Aneig-
nungsversuche von *Herren* verteidigt werden.[103] Die Bauern
der Elbaue kämpften stets mit Überschwemmungen und
mussten neben der dazu notwendigen Fronarbeit ein Eigen-
interesse an der Pflege und Sicherung der Deiche haben.
Die Ausbreitung der Schafzucht hat hier eine neue Bedeutung gewonnen, denn weidende Schafe und ihre Hufe sind
nicht nur hervorragende Landschaftspfleger, sondern auch
Deichpfleger. Auf der Brache geweidet, schützten sie vor
Verunkrautung der Äcker, lieferten dabei den so raren Dung
und drückten schließlich die Saat viel tiefer in das Erdreich
als andere Tiere.[104]

Ein aus Altenburg geholter Winzer betreute zwei neue
kurfürstliche Weinberge bei Wittenberg. Der mehrfach nach
Wittenberg geholte Winzer Schumann aus Altenburg

beaufsichtigte bis Ostern 1505 die Arbeiten am Weinberg auf dem Apollensberg. Man brachte die Vorwerke in Pratau und Bleesern in guten Stand und baute Baum- und Hopfengärten aus. Spätestens 1505 wurde vom Allerheiligenstift der Weinberg auf dem Apollensberg angemietet. 1505 arbeiteten dort fünf Winzer im Tagelohn.

Das Amt Wittenberg hatte Viehhaltung nicht nur in den Vorwerken, sondern auch auf dem Viehhof im Schloss und somit innerhalb der Stadtmauern. Es gab bis 1516 einen alten Viehhof, der nun vom Vorschloss überbaut wurde, und ein Viehhaus im Hauptschlossbereich, das 1516 verlagert wurde. Der Viehhof war gepflastert und durch ein Tor vom Hauptschloss aus erreichbar. Hier befanden sich der Marstall und eine Scheune, ein großes Kornhaus, weitere Lagerhäuser, etwa sieben bis zwölf Wagenställe, die Schosserei (mit Glasfenstern, einem Kachelofen, Tischen und Kisten, *da ryn man etzliche register* aufbewahrte, nach 1500 fünf Hellebarden gegen einen *uffleyffe*), die Landvogtskammer, wahrscheinlich die Amts-Hauptmannskammer und das alte Haferhaus für den Marstall. 1515 wurden die alten Schweineställe abgerissen und von Zimmerleuten zwei neue errichtet. Die *swynkuchen* war mit einer untermauerten kupfernen Pfanne (Braupfanne?), Waschfässern, Wasserkannen, Zuber, Kraut- und Mehlfässern, Brotkästen, Säcken, Fässern für Schweinefutter und einem großen Trog ausgestattet. Der Raum wurde von einem Kachelofen beheizt. 1464 bis 1509 wurde ein Mägdehaus mit Ofen, Zuber und Glasfenstern in der Nähe der Stallungen erwähnt.[105] Die Mistabfuhr aus dem Viehhof des Schlosses gehörte zu den Frondiensten der Bauern im Winter. Sie nutzten dazu den Platz vor der Schlosskirche, fuhren wahrscheinlich durch das nahe gelegene *Schlosstor* über eine Straße in Richtung Elbebrücke und von dort zu den Vorwerken in der Elbaue.

Klima

Luther und seine Zeitgenossen lebten in einer Warmzeit. Überall in Mitteldeutschland bis hoch an die Ostsee hat man Wein anbauen können. Weinlauben in Wittenberger Bürgergärten waren üblich, auch der Kurfürst unterhielt Weingärten. Und doch sah man immer wieder zum Himmel. Das Leben der Menschen war damals viel stärker von Wetter und Klima abhängig als das unsere. So verwundert es nicht, dass es eine Vielzahl von Quellen gibt, die der Auswertung harren, einen Beitrag zur Klimaforschung leisten und zum Umgang mit Wetterphänomenen beitragen könnten. Viele Vorgänge der Geschichte ließen sich auch mit einem Blick auf das damalige Wetter erklären, wie die folgenden Beispiele zeigen. Elbehochwasser waren zu Luthers Lebzeiten häufig. Es gab aber auch Niedrigwasser. Sie alle und der Eisgang bei harten Frösten machen die Elbe oftmals unschiffbar und geben ihr bis heute den Ruf, keine zuverlässige Wasserstraße für einen regelmäßigen und termingebundenen Warenverkehr zu sein. Das machte sich sogar in den Geleitseinnahmen des Amtes bemerkbar, die sanken, wenn das Wetter keinen Schiffsverkehr zuließ.[106] Um 1500 brachte starker Eisgang die Elbebrücke in Gefahr. Sie konnte nur durch den selbstlosen Einsatz der Wittenberger Fischer gerettet werden. Dafür erhielten

Winterhochwasser im Fläming

die Amtsfischer von Kurfürst Friedrich das Privileg, 27 Kilometer Elbstrecke (von Klöden bis zur sächsisch-anhaltischen Grenze zwischen Apollensdorf und Griebo) ohne Abgaben befischen zu dürfen.[107] Doch als sich ein armer Fischermann vergriff und einmal zu nahe an den Fischgründen des Kurfürsten fischte, kam er durch dessen Leute in schwere Bedrängnis. Am Pfingstabend 1522 schrieb der Mönch Luther an den kurfürstlichen Sekretär Spalatin, er habe sich beim Amtmann für den Fischer eingesetzt, doch er höre nun, der Fischer wäre von diesem direkt an den Kurfürsten verwiesen worden. Er wäre zu der hohen Summe von zehn silbernen Schock verurteilt worden. Luther bat um Strafmilderung. *Nicht will ich ihn ungestraft haben, auf das ein Exempel der Furcht und Regiment bleibe, sondern dass es eine Strafe sei, die ihm seine Nahrung nicht verdrucke. Ich wollt ihn in Kerker etliche Tage werfen, oder Wasser und Brod lassen fressen acht Tage, damit man sehe, dass nur Besserung und nicht Verderbung gesucht würde. Und das dünkt mich auch eine rechte Strafe sein für die Armen; die Reichen soll man im Beutel räufen.*

Der Winter 1511/1512 war streng und trocken, die erste Märzdekade noch durchgehend winterlich. Das Jahr wurde offenbar wieder nass und kalt, im Juni sind in Mansfeld schwere Gewitter nachweisbar. Spangenberg spricht von Hagel in Walnussgröße.[108] Um der Armut in Folge der Trockenheit im Sommer 1512 entgegenzusteuern, griff Kurfürst Friedrich 1512/1513 zu einem ungewöhnlichen Mittel: der Bäcker auf dem Schloss buk Pfennigbrote, die kostenlos an Bedürftige verteilt wurden.[109] Weil er in der *Wassersnot* durch einen *ramell hardt gestossen wurde* erhielt Wernhardinus Ritter wegen Armut vom Amt zwei Scheffel Korn.

Im Frühjahr 1518 bezahlt man Tagelöhner, um einen im Frühjahrshochwasser vollgelaufenen Schlosskeller trockenzulegen und dann den Boden mit Sand aufzuschütten und so zu erhöhen.[110] Auch Luther hatte bei Elbehochwasser Wasser im Keller.[111] Der spätere Bischof des Ermlandes und Lutheranerverfolger Dantiscus berichtete, er habe Luther im Sommer 1523 unbedingt sehen wollen und musste dafür auch die Überschwemmung durch die Elbe überwinden. Die Bauern hätten den Reformator in seiner Gegenwart sogar verflucht, weil sie glaubten, Gott wolle Sachsen ertränken, weil man hier das Fastengebot verletzt habe.[112] Am 7. Juni 1530 teilte Luther von der Coburg dem sich vor Hochwassern fürchtenden Melanchthon mit: *Meine Herrin Käthe schreibt, daß die Elbe erneut über die Ufer getreten ist, obwohl es dort noch nicht geregnet hat. Die Wunder des Wassers sind groß.*[113]

Luther reiste vom 1. März 1522 bis 6. März 1522 auf durch niedergehende Unwetter immer schlechteren Straßen von der Wartburg nach Wittenberg –[114] ein Problem, von dem man damals auch innerhalb der Städte und Dörfer

betroffen war, denn die wenigsten Straßen waren, wie die Steinwege in Wittenberg, wenigstens teilweise gepflastert. Bei Regen und nach der Schneeschmelze versank man auch auf stark befahrenen Fernverkehrsstraßen im Schlamm.

Gärtner und Bauern benötigten im Frühjahr Regen und keinesfalls Dürre. Doch am 6. Juni 1532 saß nach wochenlangem Harren auf Regen ein verzweifelnder Luther bei Tisch: *Wie, daß du denn nicht willst Regen geben, weil wir so lange schreien und bitten? Nu wohlan, gibst du keinen Regen, so wirst du ja etwas Besseres geben, ein genüglich und stilles Leben, Fried und Einigkeit. Nu, wir bitten so sehr und haben nu so oft gebetet, ...*

Große Kälte konnte auch Familienfeiern behindern. Weil es sehr kalt war, ließ sich im Dezember 1534 Fürst Joachim von Anhalt bei der Taufe von Luthers jüngster Tochter Margarete durch seinen Hofprediger Nikolaus Hausmann vertreten, obwohl er die Patenschaft für das Lutherkind übernommen hatte.

Wenn wegen zu viel Regens, Dürre oder Kälte die Ernte schlecht war oder gar ganz ausfiel, stiegen überall die Preise für Lebensmittel und Viehfutter. Arme konnten sich dann nicht mehr versorgen und waren auf Hilfe durch das Amt, den Rat, den Gemeinen Kasten oder hilfreicher Bürger angewiesen.

Oh, wie wunderbar ist doch schönes Wetter! Am 4. April 1541 schrieb Luther: *Heute bei heitrem Himmel, ganz zephrischer Luft und bei reiner Erde, schöner als gewöhnlich, fühle ich mich etwas besser.*[115]

Hungernde
Kühe,
Detail aus
einem Holz-
schnitt des
Petrarca-Meisters

Maßnahmen zur Hygiene und zum Naturschutz

Das Franziskanerkloster befand sich direkt neben der nördlichen Stadtmauer und war laut Meinhardi 1508 von hohen Lindenbäumen umgeben – ein ruhiger Ort für die Mönche im lauten und pulsierenden Stadtleben.[116]

Arbeit und Wohnen fanden auf dem gleichen Grundstück statt. Die mit Handwerk, Handel und Viehhaltung verbundene Lärm-, Schmutz-, Geruchs- und Rauchbelästigung und die hygienischen Zustände sind für uns heute kaum vorstellbar. Im 15. Jahrhundert hatte man die *Fleischscherne*, Verkaufsstände der Fleischer, in eine eigene Straße, die *Schernstraße*, verlegt und der Rat stellte der Fleischerinnung für ein Entgelt das städtische Schlachthaus zur Verfügung. Hausschlachtungen wurden verboten. Mit dem Neubau des Rathauses um 1522 verlegte man auch den Handel mit Frischfisch vom Marktplatz hinter das Rathaus. Die Fischer hielten dort im *Rischebach* Fischkästen, in denen die Fische und Krebse bis zum Verkauf gehalten wurden. Erst dann wurden sie getötet und gelangten so wirklich frisch in die Einkaufskörbe.

Straßennamen mit Hinweis auf Handwerke	Handwerk	Problem
Schernstraße	Verkaufsstände der Fleischer	Geruch, Krankheitserreger
Kupfergasse	Kupferschmiede hier ansässig?	Qualm, Geruch, Brandgefahr
Töpfergasse	Töpfer hier ansässig?	Qualm, Brandgefahr
Holzmarkt	Holzhändler	Brandgefahr
Grünstraße (vor dem Schlosstor)	Gärtner	Platzmangel in der Stadt

In Wittenberg kam zu den üblichen Problemen noch die Menge der seit 1503 hier lebenden Studenten hinzu. Nur wenige Monate nach der Universitätsgründung nahm sich der Rat der Stadt dem an und schuf 1504 mit den *Statuta* eine neue Stadtordnung. Anschließend bemühte er sich stark, diese unnachgiebig durchzusetzen. Neben den alten verfolgbaren Delikten waren nun neue enthalten, wie unbeaufsichtigtes Weiden des Viehs und Vernachlässigung der Straßenreinigung. Laut Stadtordnung sollte jeder Hausbesitzer den *Steinweg so lang und breit sein Haus und Hof gegen der Gassen oder Strassen ist, all und etzliche Wochen einmal rein schuppen und kehren.* Die Stadtbäche waren rein zu halten und es wurde verboten, Kehricht, Kot oder *Unflat* in die Bäche zu werfen. Tiere durften nicht mehr frei herumlaufen. Alleine 1504/05 wurden mehr als 20 Bürger, die ihren Modder, Kot oder Mist nicht rechtzeitig weggeräumt oder diese in die Stadtbäche geworfen hatten, mit Bußgeldern belegt. 1505 musste Peter Henning zwei Schock Buße an die Kämmerei zahlen, weil er sich abfällig über die neue Stadtordnung geäußert hatte.[117]

Die Bemühungen des Rates wurden 1504 durch eine Verordnung Kurfürst Friedrichs des Weisen über Bäche und Gassen unterstützt: *Von denen beiden Stadtbächen des Rischen und faulen Bach, derselben Bau und Erhaltung der Ufer in rechter Breite und Tiefe von denen zu beiden Seiten der Gassen, dadurch solche fließen daran wohnenden Besitzern auch Räumung und Wegführung des Schuttes sowohl denen darauf zu bauen verbotenen Kloaken und Schweinekoben, auch Einschüttung des Kehrrichts und allerhand Unflats.*

Die Verordnungen und Bußen wurden immer wieder betont, denn viele Bürger und Geistliche blieben uneinsichtig und verstießen dagegen. So hat, laut Kämmerrechnung, Balthasar Heyns 1510 den Steinweg nicht pflichtgemäß gereinigt und musste dafür zwei Groschen zahlen.[118] 1517 wandten sich die kurfürstlichen Räte *des Einschüttens in den Bach halben* und wegen der zunehmenden Unreinlichkeit an die Universitätsleitung und den Rat der Stadt. Der Rat verteidigte sich, er habe solches Tun *am nächstvergangenen Sonntag öffentlich ... verbieten lassen.* Zudem habe er eine *Willkür* erlassen, in der geboten würde, dass jeder, der bei der Verunreinigung der Bäche tagsüber erwischt würde, fünf Groschen Buße zahlen müsse, wer gar nachts erwischt würde, müsse zehn Groschen geben. Man habe alle Bürger zur gegenseitigen Aufsicht aufgefordert, doch die *Geistlichen auf der Pfarre, desgleichen die im Collegio Sophia und andere schütten viel darein und kehrten sich nicht an ihrem Gebot.*[119] Reinlichkeit war am Holzmarkt offensichtlich keine Frage des Geldes oder der Bildung, sondern des Willens. Die öffentliche Hand versuchte die Müll- und Abfallbeseitigung in den Städten durch zentrale Maßnahmen zu steuern.[120] 1537 legten der kurfürstliche Amtmann und der Wittenberger Rat fest, die Einwohner sollen ihren Unrat von den Fuhrleuten im Zwinger zwischen Elbtor und altem Collegium abladen lassen, damit man gleich Erde zum Bau des Walles habe. Luther kommentierte: *der Dreckwall wird uns zu Wittenberg nicht schützen.*[121] 1540 musste Thomas Melnitz fünf Groschen Gerichtsbuße an die Kämmerei zahlen, denn er *hat sein*

Vieh bei Tage in die Gärten gehen lassen, was aus Reinlichkeitsgründen gänzlich verboten war.

Kurfürst, Universität und Rat bekamen die Unreinlichkeit auch nach Luthers Tod nicht unter Kontrolle. 1551 rügte Kurfürst Moritz, dass in der Universitätsstadt Wittenberg auf Sauberkeit *wenig Fleiß verwendet wird* und forderte, die Verunreinigung von Gassen und Stadtbächen zu beenden, Marktplatz und Gassen zu kehren und dass *Gebräuche in der Stadt, die auf den Dörfern und nicht in vornehmen Städten gewöhnlich sind, abgestellt werden.* Und 1585 klagte die Universität gar, dass *dieser Stadt Gassen ganz abscheulich mit Mist und Kot belegt worden sind* und die Einwohner bei der *Juristengasse* und angrenzenden Stadtmauer *ihre Aas, Mist, Stroh und Schutt getragen und geworfen haben.* Solche Unreinlichkeit könne nach Ansicht der Universität böse Krankheiten hervorrufen.

Auch Luther hat sich mit diesen Praktiken auseinandergesetzt und wusste, Unreinlichkeit kann zu Seuchen führen. 1527 schrieb er während einer schweren Pestepidemie in der Stadt in seiner Schrift *Ob man vor dem Sterben fliehen möge* über den Kirchhof, auf dem damals die meisten Bestattungen stattfanden: *Aber unser Kirchhof, was ist er? Vier oder fünf Gassen und zwei oder drei Märkte ist er, dass nicht gemeinerer, unstillerer Ort ist in der ganzen Stadt als eben der Kirchhof, da man täglich, ja Tag und Nacht darüber läuft, Menschen und Vieh,*

Es war üblich, die Abwässer aus Häusern und Fenstern auf die Gassen zu schütten. Im Mai 1543 sagte der nach einer Rauferei verhaftete Student Nikolaus Richter vor dem Rat aus: *Freitagabend, als er um 10 Uhr, nachdem er bis dahin bei seinem Tischwirt gezecht, mit zwei Gesellen in deren Wohnung habe gehen wollen, sei er im Neuen Gäßlein (Marstallstraße) aus eines Barbierers Haus mit Kammerlagen begossen worden und derjenige, so es getan, habe dazu gesagt ›proficiet vobi‹.* Richter hatte sich zuvor wohl an einer Auseinandersetzung zwischen Studenten und Fischern in der Vorstadt beteiligt und dann mit einem Barbier und dessen Gesellen eine *Unlust* begonnen.

*und ein jeglicher aus seinem Haus eine Tür und Gasse darauf
hat und allerlei darauf geschieht, vielleicht auch solche Stücke,
die nicht zu sagen sind ... Aufs erste* will *ich das die Doktoren
der Arznei urteilen und alle, die des besser erfahren sind, ob es
gefährlich sei, dass man mitten in den Städten Kirchhöfe hat.
Denn ich weiß und verstehe mich nicht darauf, ob aus den Grä-
bern Dunst und Dampf gehe, der die Luft verrücke. Wo dem
aber so wäre, so hat man aus obgesagten Warnungen Ursache
genug, dass man den Kirchhof außer der Stadt habe. Denn wie
wir gehört haben, sind wir allesamt schuldig, dem Gift zu wehren, womit man vermag.* 1528 wurde sein Töchterchen Elisabeth auf dem neuen Friedhof vor dem Elstertor bestattet.[122]

Am 15. September 1527 predigte Luther den Wittenbergern *Wie man sich der Seelen halben schicken und halten soll
in solchen Sterbensläuften.* Er gab moralischen Zuspruch
und rief zu verantwortungsvollem Handeln gegenüber seinen Mitmenschen auf. Im Dezember 1538 brach die Pest
erneut aus. Die sich im Lutherhause versammelnde Tisch-
runde sprach sich aus Angst vor Ansteckung gegen die An-
wesenheit des die Erkrankten besuchenden Pfarrers aus,
bis sich Luther den Freunden entgegenstellte. Er sah in den
Krankenbesuchen des Peter Heß eine der Gemeinde ver-
antwortungsbewusste Haltung. Als im August 1529 in Halle
und Umgebung *das Sterben einfällt*, schirmte man sich hier
gegen dieses Gebiet ab und ließ niemanden von dort Kommenden mehr in die Stadt ein. Später verbot man den Wittenbergern wegen der *sterbenden Seuche* die Leipziger Messe
zu besuchen und bezahlte einen Rotgießer dafür, dass er am
Schlosstor die aus Leipzig und Umgebung Kommenden
abwies und die Stadt nicht betreten ließ. Isolation von
Kranken schien damals die einzig mögliche Maßnahme
zur Einschränkung einer Seuche. Man hatte mit dieser
brutalen Methode um 1500 immerhin erreicht, dass die

Vom lieblichen und süßen Geruch, Holzschnitt vom Petrarca-Meister

Lepra aus Deutschland verschwand und die Leprosenhäuser geschlossen oder umgenutzt werden konnten. Rechnungen des Heilig-Kreuz-Hospitals aus dem Rechnungsjahr 1506/1507 beweisen, dass erkranktes Gesinde im *extra muros* befindlichen Hospital von der Stadtgemeinde abgesondert untergebracht wurde.

Kurfürst Friedrich der Weise verschenkte ungern Holz.[123] Er besaß zwar ausgedehnte Wälder und Jagdgebiete und wusste um dessen Wert. Doch der Wald war damals bedroht. Dicke Baumstämme waren begehrte Handelsware. Man benötigte sie zum Bau von Schlössern, von Kirchen und Wohnhäusern. Bergbau, Hüttenindustrie und Schiffsbau benötigten starke alte Stämme. Köhler, Schmiede, Schiffsbauer, Zimmerleute, Töpfer, Bäcker, Brunnen- und Wasserbauer, Löffelschnitzer, Teller- und Holzschuhmacher, Böttcher, Wagenbauer, Radmacher und viele

Man meinte, die Ursache vieler Krankheiten liege in der Luft. Darum forderte Luther 1527 die Wittenberger auf, in ihren täglichen Gebeten auch um die Reinhaltung der Luft zu bitten und dass die Früchte *nicht vergiftet werden und wir mit dem Vieh daran essen und trinken die Pestilenz, Franzosen und andere Krankheiten.* Man könne durch Räuchern *die Luft fegen* und verbrannte darum in Stuben, Häusern und Gassen aromatische Hölzer.

Eicheln an
der Kanzel,
Hagen

andere brauchten für ihre Arbeit viel Holz. Es lieferte die Energie zum Kochen und Heizen. Im 16. Jahrhundert wurden in Deutschland riesige Waldgebiete abgeholzt. Die seit dem 14. Jahrhundert nachweisbaren Wiederaufforstungsmaßnahmen konnten die Lücken in keiner Weise schließen. Schon damals war der Artenrückgang durch Rodungen und gesteuerte Wiederaufforstung gravierend. Eicheln zur Schweinemast wurden selbst im Teutoburger Wald so kostbar, dass man in Hagen die Kanzel mit geschnitzten und vergoldeten Eicheln schmückte! Es wundert nicht, dass sich in den Archiven eine Flut von Mandaten zum Forstschutz findet. Damit der *Verödung der Wälder, besonders auch die, die den Prälaten, Grafen, Herren und Bauern gehören, entgegen gearbeitet werde, damit keine Theuerung entstehe und der Wiederaufbau der verbrannten Häuser keinen Mangel erleide* wurden kurfürstliche Mandate erlassen. Im Februar 1532 beschäftigte sich ein Ausschusstag in Torgau mit *Landgebrechen* in Thüringen, Meißen und dem Vogtland und stellte fest, *Daß der Verwüstung der Hauptwälder (durch Seiger- und Glashütten, Hämmer) nicht Einhalt getan.*[124]

94

Oft wurde zum Schutz der Deichanlagen und Wälder das Halten von Ziegen beschränkt oder gar verboten, denn sie machten besonders große Schäden an Bäumen und Sträuchern. In Wittenberg musste 1537 Hans Kilian 40 Groschen Buße an die Kämmerei bezahlen, weil er über des Rates mannigfältiges Gebot Ziegen gehalten und den Rat darum übel in Rede gesetzt.[125] Am 7. November 1542 verfügte Kurfürst Johann Friedrich auf Bitten der Katharina Melanchthon *Wiewohl wir uns zu erinnern wissen, was vor Befehl und Botschaffung wir hie bevor der Ziegen halben zu Wittenberg getan, daruber wir auch nochmals ernstlich und festiglich zu halten begehren, jedoch haben wir auf obengenannten M. Philippi Weibes demütigliches Anliegen und Bitten aus sonder Gnaden gewilligt, daß sie drei Ziegen auch hinfürder haben und behalten möge, dergestalt sie an dem Gehölz, auch sonsten niemanden zu Schaden und Nachteil sein, und begehren derowegen, ihr wollet sie solche ihre drei Ziegen in maßen itz gemeldet, unverhindert behalten und derselbigen gebrauchen lassen, wie wir denn solches unserem Amtmann und Schösser zu Wittenberg ingleichnus auch vormeldet und angezeigt.* Sie hatte sich zusätzlich verpflichtet, dem Stadthirten *für gute Obacht während der Hütung vor der Stadt* eine Belohnung zu geben.[126] Auch die Luthers hatten 1542 Ziegen.

Wasserversorgung

In der Stadtmitte Wittenbergs ist der Grundwasserspiegel zwischen drei und vier Meter tief. Man muss nur vier bis sechs Meter graben, um einen Brunnen zu bauen. Die Brunnenwände wurden mit Brettern befestigt. Darüber errichtete man aus Holz ein Fördergerüst, an dem ein Seil einen Eimer hochzog und ließ sich im Brunnen das Grundwasser sammeln, um sauberes Trinkwasser zu erhalten.

	Brauerben	Buden	Häuser	Brunnen	Standorte der Brunnen
Coswiger Viertel	31	45	76	2	bei Lorenz und Marstallgasse
Marktviertel	43	38	81	3	Markt, Scherngasse, bei den Hirten
Jüdenviertel	28	76	104	4	Bürgermeistergasse, Jüdengasse, Neugasse, Töpfergasse
Elsterviertel	26	34	60	2	Elsterende, Collegiengasse
Summe	128	193	321	11	

Summe aller Häuser und öffentlichen Brunnen in den vier Stadtvierteln, 1520[127]

Um 1520 hat man eine Verordnung zur *Erhaltung derer gemeinen Brunnen* erlassen und Bestrafung von Verstößen angedroht. 1517/1518 wurde auf dem Schlosshof ein großer sechseckiger Schmuckbrunnen gebaut. 1524 folgte der Rat dem Vorbild des Fürsten und beauftragte den Bildhauer Claus Heffner, an der Süd-West-Ecke des Rathauses einen repräsentativen Schmuckbrunnen zu errichten. Der Marktbrunnen wurde im Juli 1617 durch den noch heute stehenden Renaissancebrunnen, *auf Kosten des Rates und seiner Nachbarn errichtet*, ersetzt. Um 1600 war die Zahl der Brunnen auf 57 gestiegen. Nun wurden etwa 50 Einwohner aus einem Brunnen versorgt. Das führte mitunter zu Auseinandersetzungen zwischen den Nachbarn.

Ein Trunk Wassers, wenns einer nicht besser haben kann, ist eine gut Arznei gegen Durst. Ein Stück Brot stillt den Hunger und wer ihrer bedarf, bemüht sich fleissig, sie zu erlangen. – Darum ists eine gräuliche Plage, die wir täglich vor Augen haben, wie gierig ein Durstiger nach Trinken, ein Hungriger nach Essen ist, wo doch ein Wassertrunk oder ein Stück Brot nur eine Stunde oder zwei den Durst oder Hunger vertreiben. – notierte Johannes Aurifaber in seinen 1566 veröffentlichten *Tischreden* Luthers.

April 1577 im Marktviertel Nr. 50: *Magister Jacob Eisenberger und die Fleischer und die Nachbarn in der Scharngasse belangend:* Eisenberger verklagt die Fleischer-Innung wegen der Nutzung eines auf seinem Hof stehenden Brunnens. Dieser wird auf kurfürstlichen Befehl von Dr. jur. Georgius Cracow und Schosser Hieronymus Zorn besichtigt und im Beisein eines Ratsherrn ein Vergleich geschlossen. Eisenberger findet es beschwerlich, dass die Nachbarn und das Handwerk der Fleischhauer Wasser aus dem Brunnen auf seinem Hof holen. Das muss aber so bleiben. Deshalb sollen alle nach Anzahl der Personen bis Jacobi vorn an der Straße einen neuen Brunnen bauen und den alten zuschütten. Etwa überflüssige Steine sollen zugunsten des Baus verkauft werden. Der neue Brunnen ist vor dem Einfallen zu schützen. Während des Baues müssen die Nachbarn Magister Eisenberger und Georg Fuhrmann in ihren Häusern vor eventuellen Bauschäden bewahrt werden. Eisenbergers Hofeinfahrt ist ebenfalls zu schützen. Will er ein Haus über dem Brunnen bauen, muss er darauf achten, dass man den Brunnen ungehindert ziehen und gebrauchen kann.[128]

Seit 1556 haben die Bürger mit durchbohrten Eichenstämmen mehrere Röhrwasser in die Stadt geleitet und waren darin dem Vorbild Kurfürst Johann Friedrichs gefolgt, der ein Röhrwasser für das Schloss hatte bauen lassen und etliche Portionen der Stadt überlassen hatte. 1543 wurde auf der Südseite des Marktes eine öffentliche Zapfstelle der Schloss-Röhrfahrt eingerichtet. Weitere säulengeschmückte Brunnen standen auf dem Holzmarkt und auf dem Hof der Universität. Die Ratsakten nennen Bürger, die Brunnenvorstände waren, meist jeweils zwei Bürger, auch *Bornherren* genannt, Bürger, die als Hausbesitzer *Brunnenhüter* waren und Bürger, die vom Rat als *Inspektoren* eingesetzt waren. Neben allen Rohrwasserbrunnen standen jahrhundertelang mit Wasser gefüllte Tröge, die im Brandfalle schnell zur Hand waren. Die Stadt wurde außerhalb der Kriege niemals von einem großflächigen Stadtbrand heimgesucht. Frauen spülten Wäsche und Geschirr in den öffentlichen Wassertrögen. Gärtner wuschen ihre Waren, Kloakenräumer wuschen ihre Hände und Füße und selbst kranke Pferde wurden in ihnen getränkt. Die Wassertröge boten also auch kein sauberes Trinkwasser. In den *Marktgebrechen* wurde am 2. März 1575 unter anderem festgestellt, dass Studenten über den durch das Wäschewaschen verursachten Lärm klagten, der sie beim Studium störe. Darum solle das Waschen auf Mittwoch und Sonnabend beschränkt werden.[129]

Im städtischen Urbarium 6 findet sich eine Übersicht zur Verteilung der Brunnen über die vier Stadtviertel und die Anzahl der zu den einzelnen Brunnen gehörenden Bürgerhäuser, deren Anzahl zwischen 14 in der Scherngasse und

Holzmarkt-Brunnen

Pro Wassereimer konnte man zehn Liter Wasser transportieren, pro Mensch benötigte man täglich zwei Eimer Wasser, die der Wasserhohler am Brunnen schöpfen und transportieren musste; eine sehr schwere und zeitaufwändige Arbeit, zumal, wenn die Familie, wie üblich, groß war und viele Tiere mit Wasser versorgt werden mussten. Burkhart Richter hat es ausgemessen: 1 Portion Röhrwasser bringt pro Minute etwa 2,5 l Wasser – pro Eimer = 10 Liter = 4 Minuten, die Frauen, Mädchen und Mägde benötigten, um nur einen Eimer zu füllen!

52 auf dem Markt schwankt. Zum Unterhalt der Brunnen mussten Brauerben jährlich zehn oder zwölf Groschen zahlen, Besitzer kleinerer Häuser sechs, vier oder zwei Groschen, Schutzverwandte in den Vorstädten sechs Pfennige. Die Viertelsmeister berieten dann über den Einsatz der Geldeinnahmen. Die Bürger pflegten das Wittenberger Röhrwasser so gut, dass es noch immer die Brunnen versorgt und sie heute wie die Stadtbäche zum schönen Stadtbild beitragen.

Im *dunklen* Mittelalter unterschied man zwischen Trinkwasser und Brauchwasser. Die um 1320 auf Befehl Herzog Rudolf I. zum Antrieb seiner Amtsmühle in die Stadt geleiteten beiden Stadtbäche wurden nun mit Steinplatten ausgekleidet. Seit 1332 hatten die Bürger Bachgeld zum Unterhalt der Stadtbäche zu zahlen. Zu Anfang des 16. Jahrhunderts waren beide Bäche über Holzstege und zwölf Steinbrücken überquerbar, eine Steinbrücke zwischen Schloss- und Coswiger Gasse über beide Bäche, sechs über den Rischebach und fünf über den Faulen Bach, davon drei zwischen Collegien- und Mittelgasse.

Vor der Stadt befanden sich etliche Mühlen, darunter eine Walkmühle der Tuchmacher am Rischebach. Um 1500 unterhielt der Rat für die Schuhmacher-Innung ein Gerberhaus, für das die Innung dem Rat 21 Groschen Zins zahlte. Das *Gerbhaus* befand sich am Streng vor dem Elbtor, bis es um 1550 Papiermühle wurde und die Schuhmacher eine Lohmühle erhielten,[130] darunter eine Lohmühle der Schuhmacher und eine Walkmühle der Tuchmacher. Lohmühlen

konnten nur dort errichtet werden, wo genügend Eichen-rinde zur Verarbeitung vorhanden war, wo es also ausge-dehnte Niederwälder mit Eichen gab. Das ist der malerische Teil der Geschichte. Der unschöne Teil erzählt von der Ver-unreinigung mit Abwässern durch Mühlen. Darum war es üblich, Mühlen nicht vor dem Eintritt von Bächen in die Stadt zu bauen, sondern erst hinter der Stadt. Zur Luther-zeit gab es noch keine Mikroskope. Doch auch wenn Bakte-rien und Keime unbekannt waren, wussten die Menschen, dass der Genuss von Wasser krank machen konnte. Zum Schutz setzte man häufig Fische in Bäche, starben sie, war

Der Faule
Bach in der
Schloßstraße

das Wasser ungenießbar. Die Forellen, die Kurfürst Friedrich der Weise 1507 in die beiden Stadtbäche setzen ließ, dienten allerdings nicht der Prüfung der Wasserqualität. Bisher durften die Bürger bis eine Meile vor der Stadt in den Bächen frei fischen und hatten darum immer wieder Streit mit den umliegenden Orten. Das Freifischen wurde nun zugunsten der kurfürstlichen Fische verboten und die Sorgen der Bürger ums tägliche Brot wuchsen. Die Stadtbäche führten neben Abfällen aus Toiletten und Kloaken, Traufwasser aus den Dachrinnen und Brauwasser auch Unrat und Schlamm aus der Stadt. Die Bäche wurden jeweils im Herbst abgelassen und gründlich gereinigt. Der dabei ausgehobene Schlamm sollte schnell aus der Stadt gebracht werden.

Zur Thematik des Wassers zwei überlieferte Rechtsfälle:

– 1537 einigten sich der Jurist und damalige Stadtrichter Ambrosius Reuter und der Verleger und Ratsherr Christoph Schramm wegen ihres gemeinsamen Torwegs, denn Reuter wollte eine Mauer bauen. Ihm wird verboten, einen weiteren *Außguß oder Heimlichkeit,* eine Toilette, im Torweg zu bauen; auch Schramm durfte nur je 1 *Außguß* und wie Reuter eine Toilette haben. Sie sollte am Anfang der neu zu bauenden Mauer errichtet werden. 1537 besaß Reuter angeblich Markt 4 (Geburtshaus Cranach d. J.) und der Verleger Schramm Markt 3.[131]

– *Coswiger Viertel Nr. 32/Marktviertel Nr. 31 = Hinter der Mauergasse nach der Pfaffenstraße 1566: Vertrag zwischen Dr. Veit Winsheim und Magister Sebastian Fröschel wegen ... Brunnen, Cloacke und etlichen Fenstern,* von denen man in Fröschels Garten sehen kann. Fröschel tritt einen Teil des Gartens ab und soll eine Wand oder Gehege auf eigenem Grund bauen.

Der Färber, Holzschnitt von Jost Amman aus dem »Ständebuch«

Er soll *3 einhalb Schritt* von Winsheims Haus entfernt sein Haus bauen. Winsheim will den alten Brunnen, den Fröschel eingerissen hat, erneuern und Wegerecht zu ihm haben. Er darf dort nicht Wäsche waschen lassen. Der Brunnen wird auf beider Kosten erhalten. Fröschel behält sein altes Traufrecht. Die Lücke mit dem Secret soll geschlossen werden, die Kloake geschlossen, die Fenster vermauert, das daraus weder etwas gegossen, geworfen, noch der Kopf herausgestreckt werden kann.[132]

Unterschlächtiges
Wasserrad

Kurfürstliche Mandate und Ratsverordnungen wurden ständig wiederholt, weil die Bürger und sogar die Ratsmitglieder sich trotz Bußzahlungen nicht daran gehalten haben. Die städtischen Urbarien sprechen von vielen gerichtlichen Auseinandersetzungen zwischen Nachbarn, in denen es um Abwässer und Hygienemaßnahmen geht.

$\mathcal{W}$einbau
und Bierbrauerei

Neben guten Klimabedingungen benötigt der Weinbau relativ hohe Investitionen für Boden, Weinpfähle und Weinstöcke, Weinkeller, Weinfässer, Weinleser und so weiter. Der Holzbedarf für die Pfähle und Fässer war hoch und machte sie zu begehrten Handelsartikeln. Fäulnis und Winterfröste würden die meist aus Kastanienholz gefertigten Weinpfähle zerstören. Darum wurden sie meist nach der Lese aus dem Boden herausgezogen. Dennoch mussten sie, wie die Weinstöcke, alle dreißig Jahre erneuert werden.[133] Um 1500 hatte Kurfürst Friedrich der Weise in Wittenberg auch zwei neue Weinberge anlegen und zu ihrer Betreuung einen Winzer aus Altenburg holen lassen, der auch den Weinberg am Apollensberg betreute. Dort arbeiteten 1505 fünf Winzer im Tagelohn. Spätestens 1504 wurde der Weinkeller im Schloss fertiggestellt. Im alten Brau- und Backhaus wurde der Wein gekeltert.[134] Obwohl zum Ende des Jahrhunderts eine Kaltzeit einsetzte, gehörte 1581 zum Vorwerk Bleesern laut Inventar noch immer ein Weinberg.

Etliche wohlhabende Bürger haben sich ebenfalls mit dem Weinbau beschäftigt. So sorgte sich Luther am 2. Juli 1540 in Weimar um den Zustand seiner Güter und schrieb seiner Frau Katharina, der Famulus *Wolf soll den Wein abziehen.*

Der Rebmann, Holzschnitt von Jost Amman aus dem Ständebuch

1544 beauftragte er Antonius Lauterbach in Pirna, zehn Schock Weinpfähle besorgen.[135] Ein Schock entsprach sechzig Stück – Luther wollte einen Weinberg mit 600 Rebstöcken anlegen! Derartige Investitionen waren jedoch stets durch kriegerische Handlungen stark gefährdet. 1546 wurden in Erwartung der Belagerung der Festungsstadt Wittenberg die Vorstädte und Gärten vor den Wallanlagen zerstört und verbrannt. Wer da seine Weinpfähle nicht gezogen hatte, verlor alles. Am 24. Mai 1549 schrieb Justus Jonas aus Wittenberg an Herzog Albrecht von Preußen und berichtete, *Dann haben die Husaren auch meinen Weinberg bei Wittenberg verwüstet.*[136] Schwere Verluste musste damals wohl auch der Verleger und Buchhändler Christoph Schramm hinnehmen, der einen Garten und einen halben Weinberg besaß.

Vom Leipziger Neujahrsmarkt 1509 gingen zwei von Lucas Cranach eingeschlagene Fässer mit Süßwein nach Torgau. Ihre Frachtkosten beliefen sich auf 15 gr. 1513 wurde Cranachs Weinausschank im eigenen Hause urkundlich erwähnt.[137] Am 18. Januar 1531 notierte Cranach in Wittenberg Menge und Art des seit dem 13. Dezember 1530 bei ihm ausgeschenkten Weines und auch sein Sohn hat den Weinschank fortgesetzt. Am 9. November 1522 verkaufte der Hofmaler in Lochau Wein an die Hofhaltung und auch in den Lochauer Rechnungen 1523/1524 erscheinen seine

Im Weinkeller,
Holzschnitt
1584

Lieferungen: *20 Gulden 19 gr Lukas Maler entrichtet nämlich
14 Gulden 10 gr für 4 Eimer 6 Kandeln Frankenwein mit samt
dem Fuhrlohn und für die Faß 3 Gulden 16 gr für 1 1/2 Faß
Wittenbergisch Bier gen Schweinitz und 2 Gulden 13 gr für 6
Kandel rheinisch Wein.*[138] Der Maler-Unternehmer nutzte
neben seiner Kunst erfolgreich jede sich sonst bietende Gelegenheit, Geld zu verdienen. Die Cranach'sche Weinstube
war jedoch nicht die einzige in der Stadt. Selbst der Rat
widmete sich dem lukrativen Geschäft des Weinschanks –
1524/1525 erhielt Cranach für Malerarbeit an der Decke der
Weinstube des Rathauses 42 Groschen, für die Arbeit an
Treppen und Fenstern des Baues 1sch. 20gr. Der umtrie-
bige Maler punktete aber auch immer wieder mit seiner
Darstellungskunst – am 20. September 1539 sandte Land-
vogt Bernhard von Mila Kurfürst Johann Friedrich aus Wittenberg die durch Cranach angefertigte *wahrhaftige contra-
factur* einer Weintraube, die im kurfürstlichen Weinberg
zu Schweinitz gewachsen war.

1527 stellte Luther fest: *Die Wittenberger trinken den Faulbach und Frischbach, das ist Wittenbergisch Bier.* 1532 gab er zu bedenken: *Wieviel Menschen haben hier zu Wittenberg Gott jemals gedankt allein für die zwei Wasser Faulbach und Frischbach, daraus sie so viele Jahre so manchen fröhlichen Trunk gebraut und gesoffen und zu aller Notdurft im Hause so reichlich genützt haben, dass solche Nützung mit keinem Gelde immermehr zu bezahlen ist.* Gleichzeitig klagte er über die mangelnde Wasserqualität und Verunreinigung des Wassers, das auch Melanchthon 1538 als Ursache vieler Krankheiten ansah.[139] Man trank darum wenig Wasser, verdünnte es lieber mit Wein, der durch seinen Alkoholgehalt Keime vernichten kann, oder in Wittenberg vor allem nach klösterlichem Vorbild gebrautes Dünnbier, den *Kofent*. Im Brauvorgang wird das Gebräude stark erhitzt, was Keime tötet. Durch Beobachtung hatte man gelernt, dass es der Gesundheit zuträglicher ist, *Kofent* zu trinken als Wasser und gab ihn also auch Kleinkindern, Kranken und Greisen. Der Grundstein für den damals weit verbreiteten Alkoholismus ist durch dieses Verfahren sicherlich schon im Kindesalter gelegt worden. Zu den beliebtesten Lutherzitaten gehört eine Aussage Luthers, er fresse wie ein Böhme und saufe wie ein Deutscher. Das Zitat stammt aus einem Brief des Reformators an seine *herzliebe Kethe, Doctorin Lutherin und Frauen auf dem Saumarkt*, den er seiner um seine Gesundheit schwer besorgten Frau am 2. Juli 1540 aus Weimar geschrieben hat. Das Zitat wird stets völlig aus dem Zusammenhang gerissen und soll eigentlich seine Frau nur beruhigen – ich kann essen und trinken, zumal sein Freund Philipp Melanchthon auf dieser Reise so schwer erkrankte, dass er ihn habe gesund beten müssen.

Luther liebte die Biere, die seine Frau gebraut hatte. Am 29. Juli 1534 schrieb er an Katharina von Bora, weil er sich nach seiner *schönen Frau*, seinem Wein und ihrem Bier sehnte.[140] Sie nutzte für ihre Brautätigkeit das ihnen überkommene Recht, jährlich zwölf Gebräude zu brauen, das der Rat dem Augustinerkloster bei seiner Gründung überlassen hatte.[141] Die Brauerben hatten meist das Recht, drei bis vier, höchstens sieben Gebräude pro Jahr herzustellen. Versuchte einer, die Zahl der Gebräude eigenmächtig zu erhöhen, wurde das mit der hohen Ratsbuße von zehn Schock Groschen oder gar Verweisung aus der Stadt belegt! Auch Melanchthons Frau wurde bei ihrer Brautätigkeit unterstützt und

Der Böttger, Holzschnitt von Jost Amman

erhielt 1533 das Recht, das Malz für ihre Gebräude unentgeltlich aus der kurfürstlichen Mühle in Wittenberg holen zu dürfen. 1551 ließ Melanchthon auf der Trennmauer zwischen seinem Grundstück Collegienstraße 60 und dem Nachbargrundstück Nr. 61 ein Brauhaus bauen. Der Bau wurde erst kurz vor dem Tod des Reformators am 22. März 1560 durch den Stadtrichter Lukas Zimmermann vertraglich geregelt.[142] Bugenhagen erhielt 1555 von Kurfürst August wegen treuer Dienste für sein neues Haus in der Neuen Gasse Braurecht und bezahlte 1556 den fälligen Brauschoß. Zu den brauberechtigten Bürgern gehörte auch der Buchdrucker Georg Rhau, der laut *Urbar 2* seit 1537 die Braurechte des ehemaligen Franziskanerklosters erworben hatte und dessen Witwe die Rechte weiter nutzte.[143]

11. Bierbrauen. Das man jerlichen auf den Osterabend zu brauen aufhören solle, ist bißhero also in gewönlichem gebrauch gehaltenn wordenn, es were dan, daß zu Zeiten eine solche grosse Keltte vnnd vngewitter einfile, daß man mitt dem breuen stilhaltten muste, alsdan sol solches zu setzen vnd zuuerordnen, wie lang man nach Ostern brauenn soll, in eines Raths wessen vnnd gefallen stehenn. Vnnd werden vf ein itzliches gebreude 53 scheffel Malz gestrichen Wittenbergisch masses geschuttet, dauonn zwen scheffel inn die Mhule (Mühle) zur metze erhalten, vnnd vf die pleibenden 51 scheffel acht vas bier gemacht vnnd gegossenn worden.

12. Breuerzeichenn. (Brauzeichen) Anno 1534 ist vonn den dreien Rethen, Viertels-Meistern, vierzigk Mannen vnd der ganzen gemeine gewilligett vnd geschlossenn, weil des Raths einkommen gering vnnd die Ausgabe die Einnahme vbertreffenn, daß ein jedlicher breuher, wan ehr sein breuzeichen abeholett, solches mitt dreien groschen lösenn soll, damitt die Raths Einnahme gebessert werden möchte.

13. Freye Biere. Mittwichs nach Reminiscere Anno 47. ist vonn den hernn der dreien Rethe beradtschlagett vnnd geschlossenn wordenn, weil der Rahtspersonen besolding wegen ihres Ampts teglicher Muhe vnnd arbeit seher gering, daß man einer jeden Person des Raths oder ihren Widtwen, wenn sie ein Kind aufgeben, zu vnnd nachlassenn sollen ein frei hochzeitt bier zubreuenn, doch das solche befreiung ein Jeder beim regierenden Rath suchen vnnd bitten solle.

14. Breuerlohn. (Brauerlohn) Anno 1524 ist von allen dreien Rethen mitt bewilligung der brauhern wegen des breuerlohns diese verordnung gemacht, Nemlichen dem Meister sampt einem gehulfen sol vor essen vnnd trincken dritthalb gröschen gegeben werden. Das Lohn soll pleiben wie vorher gewesen u.s.w.[144]

Die Kanne Bier kostete laut Luthers Tischreden drei Pfennige und war damit recht teuer. Trotzdem wurden in der Stadt jährlich mehr als 4000 Gulden für Gerste zum Bierbrauen ausgegeben. Luther erwähnte in der Kirchenpostille einmal die zum Transport des Hopfens benötigten Hopfensäcke.[145] Überhaupt war die Hopfenernte nach der Getreidemahd ein so wichtiger Termin im Leben der Bürger, dass sie laut *Statuta* von 1504 durch den Rat festgesetzt wurde und 1533 als Terminangabe für eine Predigtreihe in der Kirchen-Ordnung Wittenbergs erscheint. Die Bürger benutzten ihr Bier zum eigenen Bedarf oder verkauften es an die Studenten, oder wie die Lutherin beim Wallbau an ihrem Hause, an die dort arbeitenden Tagelöhner. Das Wittenberger Bier deckte in der Quantität halbwegs den Bedarf der Stadt, nicht aber in der Qualität. Gutbetuchte Bürger, Gäste und Studenten, selbst der Rat tranken bei besonderen Anlässen gerne Bier aus Einbeck, Grimma oder Torgau und trieben damit auch Handel. Mitunter gab es Absatzstockungen, die Brauer, wie Paulus Arndt im November 1527, klagen ließen. In Folge der Pest hatten die meisten Studenten und

In Zedlers Lexikon erfahren wir unter dem Stichwort *Bierbrauerei: Gutes Bier ist möglich wenn: 1. das rechte Maß und die passende Güte des Korns gefunden wird, 2. ein guter Brau-Meister am Werke ist und 3. sowohl gute Braugefäße als auch ein guter kühler Keller zum Aufbewahren zur Verfügung stehen. Das Brauen gelingt nur bei relativ kühlem Wetter, Sommerbier hält sich nicht lange. Erste Biere werden wieder zu Michaelis, Martini und zu Weihnachten gebraut = Brautermine, die auch mit dem Festbrauch im Jahreskreis in Zusammenhang stehen. Die Brauerei hatte einen hohen Holzverbrauch – für ein Gebräude benötigt man üblicher Weise 2 Schragen Brennholz. Darum gibt es im 18. Jahrhundert Bemühungen, den Holzbedarf einzuschränken. Brauen dürfen nur die wenigen Brauerben in den Städten und wenige Landadelige. Die Häuser der Brauerben sind wegen der auf ihnen liegenden Braugerechtigkeit wertvoller als die Häuser ohne Braugerechtigkeit. Brauerben dürfen Bier auch ausschenken. Sie schließen sich oftmals in Braugemeinschaften und -gilden zusammen, die den Ablauf regeln und auch festlegen, wer wann brauen darf.*

Universitätsangehörigen die Stadt verlassen, Märkte wurden abgeblasen und Händler bekamen Probleme.[146] Universitätsprofessoren hatten Braurechte und durften sogar öffentlich Wein und Bier ausschenken. Eine öffentliche Trinkstube im Hauptgebäude der Universität begann Ende des Jahrhunderts, den Bürgern ernsthaft zur Konkurrenz zu werden. Große Sorgen bereiteten den Wittenberger Brauern auch die Adeligen auf den Gütern besonders in der Elbaue. Sie hatten erkannt, dass sich mit der Brauerei viel Geld verdienen ließ und gingen nun selbst daran, in großem Maßstab die auf ihren Feldern angebaute Gerste zu Bier zu verarbeiten und in der Stadt auf den Markt zu bringen. Damit verletzten sie das Gewerberecht, doch konnte sich die Stadt hier nicht dauerhaft wehren.

Im Teuerungsjahr 1538 klagte der Rat der Stadt Wittenberg, etliche Brauer gäben Kofent für Bier und verschlechterten die Bierqualität, die so schlecht sei, *das viel gesellen jung und alt krank davon werden*, weil die Brauer selbst in der *tewren zeit gewinn haben wollen, ... item sie machens gering und steigen dennoch*. Zudem wurde festgestellt, dass die Bierfässer für die Universität schlecht geeicht wären und sie statt zehn Eimern Bier jeweils nur neuneinhalb Eimer enthielten.[147]

arktplatz

1415 erhielt Wittenberg Stapelrechte für Getreide, Wein, Holz, Heringe, Stockfische und andere Waren und konnte so einen Teil des Zwischenhandels an sich bringen. Am 27. Juli 1468 erlaubten Kurfürst Ernst und Herzog Albrecht der Stadt die Abhaltung eines achttägigen Weihnachtsmarktes, der jeweils am 8. Dezember beginnen sollte und 1544 bat der Rat den Kurfürsten um die Verlegung des freien Jahrmarktes vom 8. Dezember auf einen anderen Termin, denn die Viehhändler aus Schlesien, Polen und Pommern wollten von Wittenberg aus zum Neujahrsmarkt nach Leipzig. Letzterem Begehren hat Kurfürst Johann Friedrich nicht stattgegeben und so blieb es bis ins 19. Jahrhundert hinein beim Weihnachtsmarkt ab 8. Dezember.

Außerhalb der Marktzeit konnte man seinen Bedarf in den Läden und Ständen der Handwerker, Kaufleute, Gärtner und Bauern der Umgebung decken. Städte mit Stapelrecht, wie Wittenberg, waren gegenüber anderen bevorzugt, da Fernhändler hier ihre Waren anbieten mussten. Die Städte zwangen die Bauern der Umgebung, nur hier ihre Waren anzubieten und verboten ihnen jegliche handwerkliche Tätigkeit. Schiffsführer hatten zwei Tage und zwei Nächte Markt zu halten. Dieses Stapelrecht konnte *nach Gelegenheit*

Der Schiffsmann, Holzschnitt von Jost Amman

der Güter gemindert werden. Der Landesherr nutzte das Recht, alle Schiffseigner unter Eid angeben zu lassen, was sie transportieren und darauf den Elbzoll zu erheben. Hier fällt auf, dass Holzwaren und Mühlsteine eine besondere Rolle gespielt haben. Sie kamen aus Sachsen. Aus dem Norden waren es Fische, Salz und ähnliche Waren. Die Waren auf den Straßen wurden durch selbständige Fuhrleute transportiert, die teilweise auf bestimmte Wege spezialisiert waren und die festgelegten Straßen nicht verlassen durften.

In der Fastenzeit 1539 waren in Wittenberg keine Seefische auf dem Markt zu haben. Man war gezwungen, Fleisch zu essen und könne so seine reformatorische Gesinnung gar nicht erst durch das Brechen von Fastengeboten ausdrücken, so Luther.[148] Immerhin dürfte es noch Süßwasserfische und Krebse aus der Elbe gegeben haben. Nach Meinhardi waren 1508 auf dem Markt *Hering, Döbel, Schlei, Plötze, Rotfeder, Äsche, Makrele, Karpfen, Barben, Aland, Barsch, Zander, Hecht, Stöhr, Lampreten, Cero oder Flussneunauge, Lachs und Krebs, kurz hervorragender Fisch von jeder Sorte* zu haben.[149]

600 bis 900 Studenten aßen jährlich jeweils etwa 20 Kilo Schweinefleisch und 5 Kilo Schaffleisch. Es wurden also mindestens 300 bis 600 Schweine und 195 bis 390 Schafe jährlich von ihnen verzehrt – rechnete Stefan Oehmig in

einer Sonntagsvorlesung aus. Diese große Menge an Tieren konnte der Kurkreis nicht mehr zur Verfügung stellen. Vom 3. Juni 1525 bis 19. November 1525 tauchten im Wittenberger Geleitsbuch mehr als 1000 Schweine auf, die die Stadt passierten. In einer Herde wurden bis zu 360 Schweine getrieben. Sie stammten aus der Mark Brandenburg und Pommern und von den großen Viehmärkten in Herzberg, Torgau und Calau.[150] Die Familie Niemegk betrieb über Generationen hinweg Großviehhandel, war

Der Fischer, Holzschnitt von Jost Amman

also auch am Viehhandel mit Polen maßgeblich beteiligt. 1542 investierte der Gewandschneider und Viehhändler Christoph Niemegk 1000 Gulden im Ochsenhandel und belieferte den kurfürstlichen Hof. Der Großviehhandel in Wittenberg wird in den Geleitsrechnungen sichtbar.[151] Die Tiere mussten weite Strecken zurücklegen, da man ihr Fleisch damals nur durch Einsalzen und Dörren haltbar machen konnte. Ochsen- und Schweinehandel erforderten eine Organisation der Triebwege, bei der die Dreifelderwirtschaft berücksichtigt werden musste. Manche Wege konnten nur alle drei Jahre benutzt werden. Die Zeiten der Viehmärkte folgten dem Ochsentrieb (Michaelis bis Dezember). Die Tiere aus Ungarn wurden von Heiducken getrieben und wohl alle mussten nach diesen Strapazen vor dem Verkauf aufgefüttert werden.[152] Vom Viehhandel sprechen alte Bezeichnungen, wie der *Saumarkt* vor dem *Elstertor*, in dessen

Nähe sich der große Garten der Luthers befand. Bedenkt man alle diese Schwierigkeiten, die Wetterbedingungen und Kriegsläufte jener Zeit, kann man sich gut vorstellen, warum eine stete Belieferung der Märkte mit frischen Produkten nicht immer zu gewährleisten war und es immer wieder zu Lebensmittelknappheit und Teuerungswellen kam. Viele Menschen mussten häufig hungern.

Viehhaltung

Die beschriebenen Marktprobleme rechtfertigen den Drang wohlhabender Bürger nach Selbstversorgung mit frischen Lebensmitteln. Natürlich konnte kaum jemand sonst einen derartigen Gutsbetrieb unterhalten wie die Luthers. Doch Schweinehaltung war für wohlbetuchte Bürger selbstverständlich, für etliche auch die Haltung von Milchkühen oder wenigstens Ziegen. 1504 regelten die *Statuta*, dass Schweine nur in Betreuung eines Hirten auf der Straße gehen durften. Die städtischen Hirten bewohnten Hirtenhäuser in der Nähe des Marstalles. Die Bezeichnung des Fleischerwerders an der Elbe deutet auf die Bäckerschweine der Innung.

1581 wurde für den Landesherrn eine Liste angefertigt, in der alle Vorräte der Bürger verzeichnet wurden.[153] Liest man die Liste, fällt sofort die große soziale Differenz zwischen den Bürgern auf. Etliche waren wohlhabend, viele gaben an, *nichts* zu haben. Unter den Wohlhabenden ragt zum Beispiel der Zinngießer und Ratsherr Georg Salbach hervor, der am südlichen Ende der Pfaffengasse in der Nähe der Amtsmühle lebte. Er gab an, für zehn Hausbewohner an Vorrat zwölf Scheffel Korn, zwei Wispel Gerste, acht Kühe, 22 Schweine (große und kleine), Butter, Salz und Schmalz zu haben. Der Magister, Ratsherr und spätere Bürgermeister

Alte
Schweinerasse Johann Krause hatte für vier Personen eineinhalb Wispel Roggen, ein Malz, sechs Kühe, sechs Speckseiten, sieben Schweine, Käse, Butter und Salz *notturftigk* und ein *Kuchenrindt*. Sehr häufig wird unter den Vorräten Dörrfleisch genannt, mitunter *1 Ochse im Rauch, oder 2 gerocherte Schopps* (Schafe). Baltzar Schone hat neben fünf Ochsen 40 Hammel im Stall und Galle Koppe *4 Böcke*. Wenn lebende Schafe genannt wurden, dann waren es meist zwei bis drei pro Haushalt, Schones 40 Schafe waren eine Ausnahme.

1539 richtete der Rat vor dem Schlosstor eine Schäferei ein. Ein Schäfer mit Gesellen wurde angenommen. Man erwarb 130 *Nosser*, die der *Vatter des Schäffers, Hans Naumann, von Hundelufft* geholt hat. *54 Nosser sind von Bleesern über die Elben geführt. – 37 Nosser sein auf dem Fleming gekauft worden. Zusammen 250 Nosser, 8 alte Schafe und 22 Lämmer, darunter 6 Hammeljährlinge.* Pro Schaf bezahlte man sieben bis je neun Groschen für die Schafe aus Hundeluft. Die städtische Schäferei bestand bis 1709 und wurde dann an den Bäcker Johann Andreas Bernutz verpachtet. Der städtische Viehhof befand sich laut Pachtvertrag in der Clausstraße.[154] Die Einrichtung der Schäferei und die von Kornböden im Franziskanerkloster sah der Rat in den Teuerungszeiten um 1538 als Maßnahme, dem Hunger in der Stadt gegensteuern zu können.

Die meisten Bürger versorgten ihr Vieh offenbar selbst, es werden nur selten Mägde oder gar Knechte, und wenn dann nur in gut betuchten Haushalten, genannt. Die Liste enthält mehr als 400 Hausbesitzer, weniger als die Hälfte gab an,

Hausvieh zu haben. Ihre Familien waren für Notfälle mit Lebensmitteln versehen und relativ unabhängig vom Markt und seinen oft überteuerten Preisen.

Schäferordnung, Rostock 1578

Doch die Viehhalter trugen auch gewaltig zu den damaligen Hygieneproblemen in der Stadt bei – jeder von ihnen besaß zum Beispiel einen Misthaufen. Den anfallenden Mist konnten sie als Dünger auf ihren Äckern und in den Gärten einsetzen. *Ein Knecht führt Mist; das ist ein Mistwerk, aber weil Gottes Wort dabei ist, so ist's heilig*, hielt Luther seinen Mitbürgern vor.[155]

Vogelheerde

Die unehelichen Söhne Kurfürst Friedrichs des Weisen hielten unter dem Dach des Wittenberger Schlosses Tauben. Haustauben waren weit verbreitet. Taubenhäuser befanden sich auf vielen Grundstücken. Doch die Menschen liebten bis ins 18. Jahrhundert hinein auch den Genuss von Singvögeln und kannten eine Menge Rezepte für ihre Zubereitung. Noch 1777 konnte man im *Wittenbergischen Wochenblatt* lesen: *Der Fang derselben ist übrigens sehr einträglich, und es ist bekannt, dass bey uns im Herbste die verschiedenen Drosselarten, deren Fang gemeiniglich schon vierzehn Tage vor Michael den Anfang nimmt, unter dem gemeinen Namen des Krammetsvogels verstanden werden.*[156]

1591 erklärte Johannes Coler über das *Fischfangen vnd Vogelstellen. Dieses geschicht diesen Monat (April) vnd den gantzen Sommer durch. Aber doch mus man auch achtung auff die Fische vnd Vogel geben, das man die Wasser vnd Lufft nicht zu sehr verwüste. ... Die Vogel sol man durchaus vngefangen lassen, wenn sie nisten vnd Junge außbrüten: Wenn sie aber jhre Jungen außgebracht haben, so haben sie kein sicher Geleit mehr. Die Obrigkeit sol auch verbieten, das man die wilden Enten, die wilden Gense vnd Schwanen, vnd Rephüner Eyer zu frieden lasse, vnd jnen dieselbige aus den Nestern nicht weg nehme.*

Man kann doch wol junge Staren, Amseln, Holtzscherren, Hefling, Fincken, Lerchen vnd andere bekomen, die man was sonderlichs leren will, wenn man gleych nicht so emsig den Genisten nachkreucht, vnd jnen die Eyer vnd Nester verderbt.[157]

Der Genuss von Singvögeln war überall derart beliebt, dass man in einigen Gegenden schon im 15. Jahrhundert feststellen musste, dass der Gesang von Vögeln kaum noch zu hören war. Damals erschienen die ersten Mandate zum Schutz von Singvögeln.

Bei Coler klingt auch an, dass viele Vögel mit Leimruten und Netzen in Vogelheerden gefangen wurden, um sie in Vogelkäfigen zu halten und zu Hause ihrem Gesang lauschen zu können. In Bergbaugebieten begleiteten Singvögel die Bergleute unter Tage und zeigten ihnen mit ihrem Tod Gefahr durch Schlagwetter an.

In den Wochenpredigten über Matthäus 5–7, die Luther seit 1530 in der Stadtkirche gehalten hat und die 1532 in Druck erschienen, verglich er die Sorgen der Menschen um

Nestraub, Detail aus einem Holzschnitt von Lucas Cranach, um 1510/15 das tägliche Brot mit dem Leben der Vögel, die er immer wieder sehr aufmerksam beobachtet hat: *Wenn man sie ein sperret das sie singen sollen, und schüttet jn wol auff zu essen fur, das sie sollten dencken: Nu hab ich gnug, das ich nicht sorgen darff wo ich zu essen neme, Denn ich habe einen reichen herrn und meine schewern vol etc. Das thuen sie nicht, sondern sind viel lieber frey jnn der lufft, werden auch fetter und singen feiner und lieblicher jrem herrn Laudes und metten des morgens frue ehe sie essen, und weis doch jr keiner ein körnlin im vorrat, ... wenn du eine nachtgal hörest, so hörestu den feinsten prediger, als der dich dieses Euangelij vermanet, nicht mit schlechten blossen worten sondern mit der lebendigen that und exempel, weil sie die gantze nacht singet und gellet sich schir zu tod und ist viel frölicher im wald denn wenn sie im vogelbawr gefangen ist, da mans mit allem vleis warten mus und doch selten gedeiet odder lebendig bleibt, als solt es damit sagen: Ich wollt viel lieber jnn des Herrn kuchen sein, der himmel und erden geschaffen hat und selbs koch und hauswirt ist.*[158]

$\mathcal{D}$ie älteste Beschreibung
eines Wittenberger Gartens, 1508

Noch ist die Anzahl der Schriften und Bücher über mittel-
alterliche Gärten in Deutschland sehr gering. Doch liebten
die Menschen in Stadt und Land, Schlössern und Burgen
schon damals ihre Gärten, nutzten sie zur Herstellung
von Lebensmitteln und als Lustgärten. Zu jedem Kloster
gehörte ein Klostergarten. In den Klöstern und den noch
seltenen Apotheken stand die Heilpflanzenkunde in Blüte.
Kräuterweiblein halfen mit ihren medizinischen Kenntnissen und wussten ganz genauso wie die ersten im Uni-
versitätsdienst stehenden Heilpflanzenkundigen und Botaniker, wo die Pflanzen zu finden waren. Durch ihre Reisen
über die Alpen lernten Kaufleute, Studenten, Adlige, Hu-
manisten, Maler und Ärzte die humanistisch geprägte neue
italienische Gartenkultur kennen. Reisende beschrieben
in ihren Briefen begeistert die Gärten des italienischen
Adels, und ähnlich wie in der gesamten humanistisch
geprägten Bildungslandschaft nahm man auch im Bürger-
tum und Adel die Kunde von den herrlichen Gärten Ita-
liens begeistert auf. Botanische Interessen, Sammellust
und humanistisches Lebensideal boten hervorragende
Grundlagen für die gartenkünstlerische Entwicklung.
Zentren der Gartenkunst wurden in Deutschland im 16.

Jahrhundert Städte, in denen Handel und Kultur in hoher Blüte standen.[159]

Schon im Mittelalter war das Idealbild des Gartens durch die Vorstellung vom irdischen und vor allem vom himmlischen Paradies geprägt, der durch die Kunde von alten antiken Ideallandschaften überhöht wurde. Der sich nun entwickelnde Lustgarten blieb, wie wir bei Luther gesehen haben, den alten Paradiesträumen verbunden.

Zu einem Bürgergarten gehörten zu Luthers Zeit sowohl Kräuter- und Blumenbeete mit Rasenflächen als auch Baumgruppen. Die Wege wurden oftmals durch den Rasen getreten und später mit Sand oder Platten bestreut bzw. belegt. Laubenartige Bauten, Brunnen oder sogar Wasserflächen dienten der Erholung und seelischen Erbauung. In den Gärten wuchsen neben Obstbäumen und Holunder auch Ziergehölze, wie Flieder. Sie dienten also nicht nur der preiswerten Erzeugung von Lebensmitteln, sondern eben auch der Erholung. Zugleich waren sie Orte der Repräsentation. Inzwischen schmückte man sie nach italienischem Vorbild mit Brunnen, Statuen, Vasen und Töpfen. Man steigerte die Wirkung gerne durch Laubengänge und Rankgerüste für Rosen, Wein und Hopfen und schloss sie durch Hecken, Zäune und Mauern von der Außenwelt ab. Eine Systematik unter den Pflanzen wurde oftmals zugunsten großer Vielfalt aufgegeben. An lauen Sommerabenden hat man sich schon immer gerne in Gärten zusammengefunden, gemeinsam getafelt und sich dem Frohsinn hingegeben.

Nach seinem Studium in Leipzig war Magister Andreas Meinhardi kurz nach der Gründung der Wittenberger Universität an diese gewechselt und hatte seit 1507 eine außerordentliche Professur der *litterae seculares* inne. Es galt, sich zu profilieren und auf diese Art zu einer gut bezahlten Stelle zu gelangen. Darum verfasste er eine Werbeschrift zum

Besuch der Stadt und ihrer jungen Universität, den 1508 in Leipzig erschienenen *Dialogus (Über die Lage, die Schönheit und den Ruhm der hochberühmten, herrlichen Stadt Albioris, gemeinhin Wittenberg genannt).*[160] Meinhardis Büchlein ist nicht nur eine der ältesten je gedruckten touristischen Werbeschriften, sondern enthält neben der Werbung für das Studium auch eine der ältesten Gartenbeschreibungen.

In der Schrift wird der Besuch eines Gartens folgendermaßen wiedergegeben: *Wir spazierten durch den ausgedehnten Garten mit seinen grünen Kräutern, und ich passte mich dem gemächlichen Schritt meiner Führerinnen an. Da gab es Palmen, Ölbäume, Apfelbäume, Birnen, Pappeln, Ebereschen, Kirsch- und Pflaumenbäume, Pfirsich- und Quittenbäume, Mispeln, Amaryllis, Akazien, Zypressen, Eschen und Buchsbaum, Wacholder, Buchen und Bergeschen, Eichen, Steineichen und Linden, Mandelbäume, Kastanien und Feigenbäume, Gewürznelken-, Muskatnuss- und Balsambäume, Weihrauchstrauch, Zimtbaum und Nussbäume, Myrrhen, Lorbeer- und Maulbeerbaum. Alles grünte, blühte und trug die entsprechenden Früchte.*

Treu gibt in seinem Nachwort zu bedenken, dass Meinhardi mit seinen Kenntnissen glänzen wollte und in seinem Büchlein darum auch Pflanzen- und Tierarten aufzählte, die es in Wittenberg und der Elbaue natürlich nicht gegeben hat. Er habe von ihnen gehört und wolle sein Wissen mitteilen. Darum mahnt er zur Vorsicht beim Auftauchen von Nashörnern, Palmen und ähnlichen Exoten. Doch weiter: *In der Mitte des Baumgartens befand sich ein Lustgarten oder Viridarium, mit verschiedenen Pflanzen sehr schön ausgestaltet und von Hecken und Steinbänken umgeben. Hier wuchsen Liguster, Hibiskus, Ysop, Schierling, Sepa, Senf, Kümmel, Schlangenkraut, Koriander, Tausendgüldenkraut, Osterluzei, Mangold, Rainweide, Haselwurz, Nelkenwurz, Klee, Ochsenzunge, Lauch, Frauenmantel, Fenchel, Beifuss, Knoblauch, Wegerich, Wermut,*

Oregano, Pastinaken, Bohnenkraut, Borretsch, Italienischer Baldrian, Dill, Anis, Eppich, Basilikum, wilde Malve, Kamille, Iris, Knäuelgras, Bilsenkraut, indische Teichrose, Comopitheus, Hirse, Salat, Mandragora, Malven, Flattergras, Narde, Kürbis, Seerosen, Pfingstrosen, großer und kleiner Kohl, Reis, Nacht-schattengewächse, Rettiche, Sassafrass, grüne Verbenien, Seifen-kraut, Blumenkohl, Gemüse, Möhren, Raps, Steckrüben, Kresse, Kohlrabi, Senf, Erdschwämme, Augentrost, Pilze, Erdbeeren, Heidelbeeren, Bärentraube, Spinat, Reiherschnabel, Nattern-zunge, weiße Rebe, Lärche, Moos, Heliotrop, Pfefferkraut, Sand-dorn, Löwenfuß, Flohkraut, wilde Narde, Feuerblume, Gurken und Hemula.

In der Mitte des Gemüsegartens befand sich ein weiterer kreisrunder Garten, ebenfalls von Hecken und Natursteinen ein-gehegt. In ihm wuchsen Raute, Flohkraut, Salvia, Minze, Veilchen, Lilien, Pfeffer, Krokus, Ingwer, Lavendel, Baldrian, Zypressen-kraut und Majoran.

In einem Pappelhain der Elbaue erklärt Pallas bei Meinhardi: *Hier grünen Beifuß, Klee, Wermut und andere Kräuter, hier blühen Lilien und weißer Liguster. Hier wachsen Birne, Apfel, Haselnuss und Pappel und tragen ihre Früchte. Hier piept der Sperling, krächzt die Krähe, ruft der Kuckuck, schlägt die Wachtel, gurrt die Turteltaube, zwitschert die Schwalbe, zirpt die Heuschrecke, schreit der Pfau, klappert der Storch und pfeift der Schwan. Nachtigall, Ringeltaube, Buch-fink, Amsel, Trauerschnäpper und Haubenlerche singen ihre ver-schiedenen Lieder.* Interessanterweise war auch der erwähnte Botanische Garten in Padua kreisrund angelegt.

1518 entwarf Erasmus in seinem Buch *Geistliches Gast-mahl* das Abbild eines Idealgartens, in dem sich die Grund-züge der bürgerlichen Gartenkultur bis zur Jahrhundert-wende spiegeln. Auch er ließ zwei Gesprächspartner, den Gartenbesitzer Eusebius und Timotheus, den Garten erkun-den: Beim Eingang gibt es ein Altarbild mit einer Darstellung

Christi, der so zum Hüter und Wächter des Gartens wird. Die Inschrift des Bildes besagt: *Ich bin der Weg, die Wahrheit und das Leben.* Wie ein *hortus conclusus* ist auch Eusebius' Garten von den Mauern des Wohnhauses umhegt: *Dieser Platz ist ganz der Erholung gewidmet, allerdings einer durchaus anspruchsvollen: eine Augenweide, ein Paradies der Düfte und eine Stärkung des Geistes. Nur duftende Kräuter wachsen hier, und nur ausgesuchte. Jede Art hat ihr besonderes Beet.* Alle Beete sind beschriftet und gleichmäßig um einen Brunnen herum gruppiert. Es gibt zudem einen Blumengarten, einen Küchengarten für die Kräuter, einen Obstgarten mit Bienenhaus und einen von einer Weißdornhecke

Städtischer Garten der Hansestadt Hamburg, um 1600

127

Laubengang   gesäumten Grasplatz für Spiele. In den Wandelgängen, die den Garten umziehen und Schatten spenden, studiert der Gartenbesitzer Eusebius, oder geht darin allein oder mit Freunden spazieren. Manchmal speist er auch dort.[161]

Garten- und Ackerbesitz
der Bürger

Ähnlich der Viehhaltung schützten sich die wohlhabenden Bürger vor Teuerungen und Hunger durch den Besitz von Gärten, Wiesen und Äckern und versuchten, sich selbst versorgen zu können. Der geschäftstüchtige Maler Lucas Cranach war laut Wittenberger *Rechenbuch* von 1528 der größte Grundbesitzer unter den Bürgern. Die Mitglieder des Rates der Stadt, der Stadtschreiber, alle Geistlichen, die Universitätsprofessoren und -pedelle waren steuerfrei und trugen nicht zum Steuereinkommen der Stadt bei. Einen daraus entstehenden Streit zwischen dem Rat und der Universität schlichtete Kurfürst Johann der Beständige, indem er festlegte, dass den Professoren nur je ein steuerfreies Haus gehören solle. Dennoch zählten sie zu den wohlhabendsten Einwohnern und drängten nach immer mehr Grundbesitz innerhalb und außerhalb der Stadtmauern.

1542 bewirtschafteten die Wittenberger, nach Straubes Berechnungen auf Grund der Türkensteuerangaben der Bürger,[162] 56 Hufen, 257,5 Gärten, 41 Breiten, elf und vier Stück Wiesen und dreieinhalb Weinberge. Von 468 Wohngrundstücken waren 49 Häuser und 177 Buden ohne landwirtschaftlichen Grundbesitz, zu den übrigen 242 Grundstücken gehörten meist nur Wiesen und Gärten.

Luthers Freunde im Weinberg, Detail aus einem Gemälde von Lucas Cranach d. J., 1569 (Stadtkirche Wittenberg)

Die Einwohner hielten 547 Kühe, 27 Kälber, 523 Schweine, sieben Sauen, 24 Ferkel und zehn Mastochsen. Wir erinnern uns: Luther gab damals an, fünf Kühe, neun große Kälber, eine Ziege mit zwei Jungen, acht Schweine und zwei Sauen mit Kleinen zu besitzen. Man hatte 1532 schon einmal eine Türkensteuer erhoben. 1542 wurde der Zinssatz gesenkt. Dennoch stieg der Steuerertrag in Kursachsen gegenüber dem von 1532 erheblich an, ein Zeichen für die gute Wirtschafts- und Agrarkonjunktur in den 1530er Jahren,[163] die dennoch 1538 in eine Teuerungsphase für Lebensmittel mündete.

	Vorstadtbewohner	Hausbesitz	Anzahl der Wohnstätten	Hufenbesitz
Schlossvorstadt/ Amtsvorstadt	52 Vorstädter und Gärtner	8 Häuslein, 2 Buden, 18 Höfe	31	12
Vor dem Elstertor	59 Gärtner	17 Häuslein, 7 Buden, 1 Haus, 2 Hofstätten		
	111			

Für die ärmere Bevölkerung wurde es immer schwerer, eigenes Vieh zu halten. Der Anger im Osten der Stadt wurde mit neuen Häusern und der Mittelstraße überbaut. Dadurch verloren die Bürger die Möglichkeit, hier nachts ihre Kühe sicher weiden zu lassen. Überhaupt wurde die Bebauung immer enger. Grundstückspreise stiegen. Innerstädtische Gärten wurden immer kostbarer und waren bald nur noch im Besitz der Wohlhabenden, die oft auch außerhalb der Stadtmauern Land besaßen. In den Ratsakten erscheinen die Gärten meist im Zusammenhang mit Nachbarschaftsstreiten. Da mussten Zäune gebaut, Gartentüren geschlossen oder Streitigkeiten ums Wasser geschlichtet werden. Man mochte es nicht, wenn der Nachbar in den eigenen Garten sieht und wünschte offensichtlich Privatsphäre! Zudem gab es schon unmittelbar nach der Universitätsgründung Klagen über stehlende Studenten. Da wurde, nach Meinhardi, 1508 der Frieden durch Studenten gebrochen, die auf Feldern und Gärten den Vorstädtern und Bürgern viel Unrecht zufügten: *Einigen sind Getreide, Birnen, Äpfel und Kirschen gestohlen worden, anderen Fische, Gänse, Enten, Tauben,*

Gartenbesitz	Breiten	Höfe	Höfelein
30, 5	4,25		
14	3	25	14
44,5	7,25		

Nach Manfred Straube lebten die Eigentümer eines Hauses und von 7 Höfen in den Vorstädten in der Stadt.

131

Hühner und Hähne. Die Horde fällt Bäume und Büsche und rupft wohlriechende Kräuter und Blumen, z. B. Veilchen, aus. Auf Wiesen, in Gärten und Feldern tanzen und springen diese Eindringlinge herum und zerstampfen dabei mit ihren Füßen Weizen, Winterweizen, Gerste und anderes Getreide. Aus den Gewässern werden Fische mit Haken und Harpunen gefangen. Einige der Horde rauben Vögel mit künstlichen Fallen, die mit Vogelleim bestrichen sind aus den Wäldern, die andere Leute für eine jährliche Abgabe gepachtet haben. Sie schlachten auch Schweine, Ziegen, Kühe und Mastgeflügel.

In einem neuerdings im Ratsarchiv gefundenen *Urfehdebuch* wird der Fall des in Zeitz geborenen Totengräbers Hans Matthes genannt. Er war mit der Tochter der *großen Else* verheiratet und hatte sich mehrfachen Diebstahls in verschiedenen Gärten schuldig gemacht. Man hat ihn verhaftet und Ende Dezember 1532 nach dem Schwur der Urfehde der Stadt verwiesen.[164]

Luther hat seine Umwelt auch im landwirtschaftlichen Bereich aufmerksam beobachtet und stellte in einer Tischrede fest: *Die Gerste muss viel leiden von Leuten. Denn erstlich wirds in die Erde geworfen, dass sie verweset. Wenn sie nu gewachsen und reif worden ist, schneidt oder häuet man sie abe. Darnach drischt und quellt man sie ein, dörret und kocht Bier oder Kofent draus, das wird von Baurn (Bauern) gesoffen und*

wiedergegeben unten und oben und an die Zäune gepinkelt. Desgleichen Märtyrer ist der Lein oder Flachs auch. Wenn er reif ist, so räuft, röstet, dörret, brecht, hechelt, spinnet, wirket man ihn und machet Leinwand draus zu Hemden und Kitteln etc., die werden zurissen. Darnach braucht mans zum Wischen, schmieret Pflaster drauf, die legt man auf die Wunden und Schwären. Item die Lumpen nimmt man draus, legt sie in Stämpfel auf der Papiermühl, zustößts klein. Daraus macht man Papier zu Kartenspiel, zum Schreiben, zu Drucken. Das Papier wird zurissen und zun allergeringsten Werken gebraucht.[165]

Das Pflügen
der Äcker,
Holzschnitt
des Petrarca-
Meisters

133

Kurfürstliche Lust- und Tiergärten
in der Umgebung

Zu den wertvollsten Ausstellungsstücken des Lutherhauses gehört heute gewiss die *10-Gebote-Tafel*, die Lucas Cranach d. Ä. um 1510 für den Gerichtssaal im Rathaus gemalt hat. Cranach hat die Verletzung der Gebote durch Alltagsszenen aus dem Leben der Bürger dargestellt. Das Gebot *Du sollst nicht unkeusch sein* stellt Cranach dar, indem er ein Liebespaar in einem Garten malt, das gemeinsam genüsslich von einem Teller Erbsen und Kirschen nascht. Das Bild erscheint auf den ersten Blick unverfänglich, zumal hier ausnahmsweise kein Teufelchen zu sehen ist, wie sonst auf fast allen anderen Bildern. Cranach hat auch zum 6. Gebot ein reich gekleidetes Paar dargestellt, ein Paar, das womöglich zur Hofgesellschaft gehört hat. Damals war es gesellschaftlich verpönt, dass Mann und Frau sich ohne Begleitung trafen. Jedermann wusste zudem, Kirschen sind Attribute der Huren, jedenfalls ein sehr deutlicher Fingerzeig in diese Richtung. Erbsen sind, wie andere Hülsenfrüchte und Mohnsamen auch, Fruchtbarkeitssymbole. So wird ein kleiner dargestellter Imbiss zu einer Warnung. Andererseits finden wir in diesem Bilde einen weiteren Beweis dafür, dass Kirschbäume und Erbsenbeete auch in den fürstlichen Gärten zu finden waren.

Das 6. Gebot, Detail aus der *10-Gebote-Tafel* von Lucas Cranach d. Ä., 1510 (Lutherhaus)

Neben dem Jagdschloss Lochau (Annaburg), in dem Kurfürst Friedrich der Weise 1525 starb, befand sich ein Tiergarten, in dem verschiedene Wildarten gehalten wurden, darunter *Entenvögel* und im Wolfsgarten Wölfe.[166]

Auch in Torgau gab es schon vor dem Schlossneubau des Kurfürsten Johann Friedrich einen Schlossgarten. Luther stieß jedenfalls bei Hans von Dolzig auf offene Ohren, als er ihm am 17. März 1527 den entlaufenen Mönch Heinrich als Gärtner für den Fürstengarten empfahl. Heinrich wurde dann als *Baumgärtner* bezeichnet und von Anfang an wegen seines Könnens mit Hochachtung behandelt. Er erlebte den Schlossumbau und die Anlage eines Kräuter- und Blumengartens, für die 1534 bis 1537 Gärtner und Tagelöhner aus der kurfürstlichen Kasse bezahlt wurden.[167] Zwischen dem 27. Juni und dem 2. Juli 1535 entschied Kurfürst Johann Friedrich in Weimar nach längerem Bedenken über einen von Cranach vorgeschlagenen Anstrich des Gartenhauses in Torgau, in Weimar erfolgte eine undatierte Bezahlung von 70 Gulden für die ausgeführte Arbeit.[168] Unser Gärtner Heinrich erscheint noch 1540 in den Abrechnungen, denn er hatte Apfelmus für die kurfürstliche Küche herstellen lassen.[169]

Am 18. August 1555 notierte Dr. Balthasar Summer in Torgau in seinem *Diario*, er habe gemeinsam mit seinem Wittenberger Lehrer Prof. Dr. Jakob Milich den Heilpflanzengarten des Torgauer Apothekers Joachim Kreich besichtigt. Kentmann berichtete Conrad Gessner in seinen Briefen immer wieder von diesem Garten, der als einer von vier Gessner bekannten Botanischen Gärten Aufnahme in dessen *Horti Germaniae* fand. 1556 reiste der Ingolstädter Professor Laurentius Gryll von Leipzig nach Torgau, um den Garten Kreichs zu besuchen. Auch Summer richtete sich einen solchen Garten ein.[170] Doch nicht diese Gärten, sondern der Fürstengarten wurde im Auftrag der Wittenberger Medizinischen Fakultät vom Wittenberger Apotheker Caspar Pfreundt zu *Demonstrationes simplicum* vor Studenten benutzt. Der Kurfürst muss diesem Treiben zugestimmt haben. Der Vorgang ist auf jeden Fall bemerkenswert und beweist, dass der Fürstengarten über eine so reiche Auswahl an Heilpflanzen verfügte, dass darin universitäre Lehre stattfinden konnte.

Auch in Wittenberg bestand schon im 16. Jahrhundert ein erster *Botanischer Garten*. Der als verbummelter Student beschriebene Balthasar Acontius hatte auf seine Bitte von Kurfürst August im Zwinger der Festungsanlage ein Stück Land und irgendwann den Titel eines kurfürstlichen

Gärtners erhalten. Offenbar steckte er sein ganzes Geld in neue Pflanzen und hat wegen Schulden sogar öfters in Schuldhaft gesessen. Acontius starb am 1. November 1580. Nur drei Tage später fragte die Universität beim Kurfürsten an, was mit dem Garten und den Pflanzen geschehen solle. Der sandte seinen Annaburger Gärtner namens Georg Wingo, den Garten des Ascontius zu besichtigen. Wingo berichtete ihm am 10. April 1581, dass als Besonderheit nur ein Kirschbaum, 80 Buchsbäume und ein von Acontius' Tagelöhner als Vogelbeerbäumchen gezeichneter Stamm vorhanden seien. Die Gläubiger bezeichneten Letzteres als Sperberbaum sorbus (ein Speierling?) und berichteten, dass Acontius dem Fürsten von Anhalt davon ein Reislein für 6 gr. verkauft habe. Außerdem gebe es weiße und blaue Violen, die überall wüchsen, drei Sorten Rosenstöcke, Kirsch- und ungarische Pflaumenbäume. Alles wurde entweder dem kurfürstlichen Hofgarten einverleibt oder zur Schuldentilgung verkauft.[171]

Tabellen

Bäume in Gärten und Umgebung

Wittenberg zur Lutherzeit

Bäume/Sträucher	Mein-hardi 1508	Andere Autoren	Luthers Eltern (Dapper)	Luthers Eltern (nach-gewiesen)	Luthers Garten	Luther erwähnt
Akazien	X					
Apfelbäume	X	X	X		X	X
Balsambäume	X					
Birnbäume	X	X	X		X	X
Buchen	X					
Buchsbaum	X					
Ebereschen	X					
Eichen	X					
Steineichen	X					
Elsbeere		X				X
Eschen	X					
Bergeschen	X					
Feigenbäume	X				X	X
Haselnüsse		X				X
Kastanien	X					
Kirschbäume	X		X	X		X
Lärchen	X					
Linden	X					
Lorbeerbäume	X					
Mandelbäume	X					

Bäume/Sträucher	Meinhardi 1508	Andere Autoren	Luthers Eltern (Dapper)	Luthers Eltern (nachgewiesen)	Luthers Garten	Luther erwähnt
Maulbeerbäume	X		X		X	X
Mispeln	X		X	X		
Muskatnußbäume	X					
Myrrhen	X					
Gewürznelkenbäume	X					
Nußbäume	X				X?	X
Obstbäume					X	
Ölbäume	X					Oliven in Italien
Orangen						X
Palmen	X					
Pappeln	X					
Pfirsichbäume	X		X		X?	X
Pflaumenbäume	X		X	X		X
Pflaumenschlehen				X		
Quittenbäume	X		X		X	X
Speierlinge		X			X	X
Walnuss			X			X
Wacholder	X					
Weihrauchstrauch	X					
Zimtbaum	X					
Zypressen	X					

Pflanzen in Wittenberger Lustgärten

Viridarium der Lutherzeit
(Ausstattung: Hecken, Steinbänke, Brunnen, Bäche, Fischteiche,
Gartentüren und -zäune bzw. Mauern, Blumentöpfe und Pflanzenkübel)

Blumen, Kräuter, Gemüse	Mein-hardi 1508	Andere Witten-berger Autoren	Luthers Eltern (Dapper)	Luthers Eltern (nach-gewiesen)	Luthers Garten	Luther erwähnt
Amaryllis	X					
Amarant					X	X
Augentrost	X					
Bärentraube	X					
Baldrian	X					
Italien. Baldrian	X					
Basilikum	X					
Beifuß	X					
Bilsenkraut	X					
Blumenkohl	X					
Bohnen					X	
Bohnenkraut	X					
Pfefferkraut = Bohnenkraut	X					
Borretsch	X					
Comopitheus (?)	X					
Dill	X					
Eppich	X					
Erbsen		X			X	

Blumen, Kräuter, Gemüse	Mein-hardi 1508	Andere Witten-berger Autoren	Luthers Eltern (Dapper)	Luthers Eltern (nach-gewiesen)	Luthers Garten	Luther erwähnt
Erdbeeren	X					
Gemüse (!)	X					
Flattergras	X					
Knäuelgras	X					
Fenchel	X					
Feuerblume	X					
Flohkraut	X					
Frauenmantel	X					
Löwenfuß (Frauenmantel)	X					
Gurken	X					
Haselwurz	X					
Heidelbeeren	X					
Heliotrop	X					
Hibiskus	X					
Hirse	X					
Hopfen		X			X	X
Ingwer	X					
Kamille	X					
Klee	X					
Knoblauch	X					
Großer und kleiner Kohl	X				X	

Blumen, Kräuter, Gemüse	Mein-hardi 1508	Andere Witten-berger Autoren	Luthers Eltern (Dapper)	Luthers Eltern (nach-gewiesen)	Luthers Garten	Luther erwähnt
Kohlrabi	X					
Koriander	X					
Kresse	X					
Krokus	X					
Safran					X	
Kümmel	X					
Kürbis	X				X	X
Lauch	X					
Lavendel	X					
Liguster	X					
Lilien/Iris	X				X	X
Majoran	X					
Malven	X					
Wilde Malven	X					
Mandragora (Alraune)	X					
Mangold	X					
Melonen					X	X
Minze	X					
Möhren	X					
Moos	X					
Nachtschatten-gewächse	X					

Blumen, Kräuter, Gemüse	Mein-hardi 1508	Andere Witten-berger Autoren	Luthers Eltern (Dapper)	Luthers Eltern (nach-gewiesen)	Luthers Garten	Luther erwähnt
Narde	X					
Wilde Narde	X					
Natternzunge	X					
Nelken (Negelblumen)						X
Nelkenwurz = Bendiktenkraut	X					
Ochsenzunge	X					
Oregano	X					
Osterluzei	X					
Pastinaken	X					
Peonien	X					
Petersilie					X	X
Pfeffer	X					
Pilze	X					
Pfifferlinge, Erdschwämme	X					
Radieschen	X					
Rainweide	X					
Raps	X					
Raute	X					
Reiherschnabel (Storchschnabel)	X					
Reis	X					

Blumen, Kräuter, Gemüse	Mein- hardi 1508	Andere Witten- berger Autoren	Luthers Eltern (Dapper)	Luthers Eltern (nach- gewiesen)	Luthers Garten	Luther erwähnt
Erfurter Riesen- rettiche/Rettiche	X				X	X
Rosen					X	X
Rote Beete (Hemula)	X					
Rüben					X	X
Rübstiel		X				
Salat/Kopfsalat	X					
Salbei (Salvia)	X					
Sanddorn	X					
Schierling	X					
Schlangenkraut	X					
Seerosen/Indische Teichrosen	X					
Sellerie		X				
Stiefmütterchen (Violen)	X					X
Senf	X					
Sepa	X					
Spinat	X	X				
Steckrüben	X					
Strohblume					X	X
Tausendgülden- kraut	X					

Blumen, Kräuter, Gemüse	Mein-hardi 1508	Andere Witten-berger Autoren	Luthers Eltern (Dapper)	Luthers Eltern (nach-gewiesen)	Luthers Garten	Luther erwähnt
Veilchen	X	X				X
Wegerich	X					
Weiße Rebe (Wein)	X	X	X	X	X	X
Wermut	X					
Ysop	X					
Zypressenkraut	X					

Sammelfrüchte

aus Feld und Flur

	Mein-hardi 1508	Andere Autoren	Luthers Eltern (Dapper)	Luthers Eltern (nachge-wiesen)	Luthers Garten	Luther erwähnt
Brombeeren		X	X			
Hagebutten		X	X			
Haselnüsse		X	X	X		
Himbeeren		X	X	X		
Holunder		X	X	X		
Holzäpfel		X	X			
Holzbirnen		X	X			
Pilze	X					
Schlehen			X	X		
Walderdbeeren		X	X	X		X

Die Tierwelt

Laut Luther in der Umgebung lebende wilde Tiere:
Wölfe, Schlangen, schwarzer Schwan, Wurm, Frosch, Affe,
Aal, Fische, Ungeziefer, giftige Spinnen, Dohlen

Tiere	Meinhardi 1508	Andere Autoren	Luthers Viehhof	Luther erwähnt
Affen	X			X
Bären	X	X		
Dohlen				X
Enten	X	X	X	
Gänse	X		X	X
Fische				X
Frösche				X
Hasen	X	X		
Hirsche		X		
Hühner	X	X	X	
Kühe (Rinder, Kälber)	X	X	X	X
Mäuse (Mausefalle)				X
Nachtigallen				X
Pferde		X		X
Schafe (Hammel, Nössel, Schöpse, Lämmer)	X	X	X	X
Schlangen		X		X
Schmetterlinge/ Raupen				X

Tiere	Meinhardi 1508	Andere Autoren	Luthers Viehhof	Luther erwähnt
Schwarze Schwäne				X
Weiße Schwäne	X			
Schweine (Sauen, Ferkel)	X	X	X	X
Giftige Spinnen				X
Ungeziefer				X
Wildschweine		X		X
Wölfe		X		X
Würmer				X
Ziegen	X	X	X	X

Fische

in Wittenbergs Bächen, Teichen und der Elbe

	Meinhardi 1508	Andere Autoren	Luthers Fischteich	Luther erwähnt
Aale				X
Alande	X			
Barsche/Kaulbarsche	X			X
Cero/Flussneunauge	X			
Döbel	X			
Forellen		X	X	X
Hechte		X	X	X
Karpfen	X		X	X
Krebse	X			X
Lachse	X	X		X
Plötzen	X			
Rotfedern	X			
Schmerlen			X	X
Störe	X			
Zander	X			

Literaturverzeichnis

Erasmus Alberus, Ein Dialogus oder Gespräch etlicher Personen vom Interim ... 1548, in: Seidemann, Zur Reformationsgeschichte, in: Theologische Studien und Kritiken, H. 1, Gotha 1875

Johannes Aurifaber, Tischreden Oder Colloquia Doct. Mart. Luthers..., Eisleben 1566

Otto Beßler, Valerius Cordus und der medizinisch-botanische Unterricht, in: 450 Jahre Martin-Luther-Universität Halle-Wittenberg, Band 1, Wittenberg 1502-1617

Helmut Birkhan, Pflanzen im Mittelalter. Eine Kulturgeschichte. Wien, Köln und Weimar: Böhlau Verlag 2012

H.H. Borchert / Georg Merz (Hrsg.), Martin Luther. Ausgewählte Werke, 2., veränderte Auflage, 7. Band: Tischreden, München: Chr. Kaiser Verlag 1938

Antonia Brauchle, Kelleranlagen des 13. bis 18. Jahrhunderts in Wittenberg: Bauliche Struktur und Nutzung, in: Wittenberg-Forschungen. Band 2.1: Das ernestinische Wittenberg. Stadt und Bewohner. Textband. Hrsg. v. Heiner Lück, Enno Bünz, Leonhard Helten, Dorotée Sack und Hans-Georg Stephan im Auftrage der Stiftung Leucorea, Petersberg: Michael Imhof Verlag 2013

Georg Buchwald, Lutherana. Notizen aus Rechnungsbüchern des Thüringischen Staatsarchivs Weimar, in: ARG 25, Leipzig 1928

Georg Buchwald, Luther-Kalendarium, in: Schriften des Vereins für Reformationsgeschichte, Jg. 47, Heft 147, Leipzig 1929

Georg Buchwald, Wittenberger Stadt- und Universitätsgeschichte

Fritz Bünger und Gottfried Wentz, Das Bistum Brandenburg, in: Kaiser-Wilhelm-Institut für Deutsche Geschichte (Hrsg.), Germania Sacra. Die Bistümer der Kirchenprovinz Magdeburg. Band 3, Berlin: Verlag Walter de Gruyter & Co, 1941

C.A.H. Burkhardt (Hrsg.), Ernestinische Landtagsakten, Band 1: Die Landtage von 1487 bis 1532, in: Thüringische Geschichtsquellen. N.F. Band 5, Jena 1902

Johannes Coler, Calendarium Oeconomicvm & perpetuum. Vor die Haußwirt, Ackerleut, Apotecker vnd andere gemeine Handwercksleut, Kaufleut, Wanderßleut, Weinherrn, Gertner vnd alle die jenige so mit Wirtschafft vmbgehen. .... Wittenberg: Christoff Axin 1591

Ulf Dirlmeier, Die kommunalpolitischen Zuständigkeiten und Leistungen süddeutscher Städte im Spätmittelalter, in: Städtische Versorgung und Entsorgung im Wandel der Geschichte. Hrsg. v. Jürgen Sydow = Stadt in der Geschichte, Band 8, Sigmaringen: Thorbecke Verlag 1981

Tibor Fabiny, Martin Luthers letzter Wille. Das Testament des Reformators und seine Geschichte, Berlin: Union Verlag 1983

Karl Eduard Förstemann, Willkür und die Statuten der Stadt Wittenberg – Vorzeichnus etzlicher sonderbaren gebreuche, ..., in: Neue Mitteilungen aus dem Gebiete historisch-antiquarischer Forschungen, Bd. 6 (1842)

Beatrice Frank, Luther und Geld. Luthers Wirtschaftsethik in Theorie und Praxis, in: Luther. Zeitschrift der Luther-Gesellschaft, Heft 2, Göttingen: Verlag Vandenhoeck & Ruprecht, 2009, 80. Jahrgang

Walter Friedensburg, Urkundenbuch der Universität Wittenberg. Teil 1 (1502–1611), Historische Kommission für die Provinz Sachsen und für Anhalt, Magdeburg 1926

Rüdiger Glaser, Klimageschichte Mitteleuropas: 1000 Jahre Wetter, Klima, Katastrophen. Primus Verlag, 2001

Rainer Hambrecht, Eintragungen in den kursächsischen Rechnungsbüchern zu Wittenberger Reformatoren und Georg Spalatin von 1519 bis 1553. Mit einem Kommentar von Helmar Junghans, Teil 2, in: Luther-Jahrbuch 1989

Wilfried Hansmann, Gartenkunst der Renaissance und des Barock, Köln: DuMont 2., durchgesehene Auflage 1988

Hans Haupt, Die Erfurter Kunst- und Handelsgärtnerei in ihrer geschichtlichen Entwicklung und wirtschaftlichen Bedeutung dargestellt, Abhandlungen des staatswissenschaftlichen Seminars Jena, hrsg. v. Pierstorff, Jena: Verlag Gustav Fischer 1908

Karl Jüngel, Unser Heimatstrom. Die Elbe und die Umgebung Wittenbergs – einst und jetzt. Schriftenreihe des Stadtgeschichtlichen Museums Wittenberg Heft 9, 1984

Helmar Junghans, »Wittenberg, die kleine Stadt, einen großen Namen itzund hat...« Wittenberg als Umwelt für Luthers Alltag, in: Peter Freybe (Hrsg.), »Gott hat noch nicht genug Wittenbergisch Bier getrunken.« Alltagsleben zur Zeit Martin Luthers, Wittenberger Sonntagsvorlesungen. Evangelisches Predigerseminar 2001, Wittenberg: Drei-Kastanien-Verlag 2001

Ronny Kabus, Die Entwicklung der Universitätsstadt Wittenberg unter kommunal hygienischem Aspekt, in: Medizin und Naturwissenschaften in der Wittenberger Reformationsära, Hrsg. v. Wolfram Kaiser und Arina Völker, Wissenschaftliche Beiträge der Martin-Luther-Universität Halle-Wittenberg 82/7 T 45, 1982

Gustav Kawerau (Hrsg.), Der Briefwechsel des Justus Jonas. Gesammelt und herausgegeben. (2 Teile in einem Band), Hildesheim: Georg Olms Verlagsgesellschaft 1964 (Reprografischer Nachdruck), Geschichtsquellen der Provinz Sachsen und angrenzender Gebiete, Band 17, Teil 1

Gustav Kawerau, Luthers Rückkehr von der Wartburg nach Wittenberg, in: Neujahrsblätter. Hrsg. von der Historischen Kommission der Provinz Sachsen 26, Halle: Verlag Otto Hendel 1902

Hermann Kesten, Copernicus und seine Welt. Biografie, München: Desch 1953

Theodor Knolle, Luther über seinen Garten, in: Luther. Mitteilungen der Luther-Gesellschaft, 1920, Heft 3 und 4

Otto Krack, Lutherbriefe. Martin Luther als Mensch in seinen Briefen, Berlin: Verlag Karl Curtius, 1910

Gottfried Krüger, Wie sah die Stadt Wittenberg zu Luthers Lebzeiten aus?, in: Luther. Zeitschrift der Luther-Gesellschaft 15, 1933

Friedrich Küchenmeister, Dr. Martin Luthers Krankengeschichte. Mit erläuternden Bemerkungen aus seinem Leben, Lebensweise, Schicksalen, Kämpfen und Wirken für Ärzte und Laien zusammengestellt, Leipzig: Verlag Otto Wigand 1881

Heinrich Kühne, Die privilegierten Ziegen der Katharina Melanchthon, in: Natur und Heimat, 9. Jg. Heft 4, April 1960

Hansjörg Küster, Geschichte der Landschaft in Mitteleuropa. Von der Eiszeit bis zur Gegenwart, München: Verlag C.H. Beck, 4., vollständig überarbeitete und aktualisierte Ausgabe 2010

Thomas Lang, Der Kurfürst zu Besuch in seiner Residenz: Nutzung und Ausbau der Wittenberger Residenz in der Zeit von 1485–1510, in: Wittenberg-Forschungen. Band 1: Das ernestinische Wittenberg. Universität und Stadt (1486–1547). Hrsg. v. Heiner Lück, Enno Bünz, Leonhard Helten, Dorotée Sack und Hans-Georg Stephan im Auftrage der Stiftung Leucorea, Petersberg: Michael Imhof Verlag, 2011

Thomas Lang, Nur Stroh und Lehm? -- Baulichkeit und Nutzung des Wittenberger Schlosses (Teil 1), in: Wittenberg-Forschungen. Band 2.1: Das ernestinische Wittenberg: Stadt und Bewohner. Textband. Hrsg. v. Heiner Lück, Enno Bünz, Leonhard Helten, Dorotée Sack und Hans-Georg Stephan im Auftrage der Stiftung Leucorea, Petersberg: Michael Imhof Verlag 2013

Karl-Heinz Lange, Zur Geschichte des Medizinwesens im 16. Jahrhundert in Torgau (Mit Bezügen zur Stadtgeschichte und Ausblick ins 17. Jahrhundert), Torgau 1997

Walter Lehnert, Entsorgungsprobleme der Reichsstadt Nürnberg, in: Städtische Versorgung und Entsorgung im Wandel der Geschichte. Hrsg. v. Jürgen Sydow = Stadt in der Geschichte, Band 8, Sigmaringen: Thorbecke Verlag 1981

Andreas Meinhardi, Über die Lage, die Schönheit und den Ruhm der hochberühmten, herrlichen Stadt Albioris, gemeinhin Wittenberg genannt. Ein Dialog, hrsg. Für diejenigen, die ihre Lehrzeit in den edlen Wissenschaften beginnen... Übersetzung, Einleitung, Anmerkungen von Martin Treu, Spröda: Edition Akanthus, 2008

Harald Meller (Hrsg.), Fundsache Luther. Archäologen auf den Spuren des Reformators. Begleitband zur Landesausstellung, Landesamt für Denkmalpflege und Archäologie Sachsen-Anhalt, 2008

Erwin Mühlhaupt, D. Martin Luthers Evangelien-Auslegung. 1. Teil Die Weihnachts- und Vorgeschichten bei Matthäus und Lukas, Göttingen: Verlag Vandenhoeck & Ruprecht 1951

Günter Nobis, Haustiere im mittelalterlichen Bremen. Eine vergleichende Betrachtung der Haustierwelt mittelalterlicher Stadtsiedlungen Norddeutschlands, in: Bremer Archäologische Blätter, Bremen 1965, H. 4

Stefan Oehmig, Kriminalität und Alltag im Wittenberg, in: »Gott hat noch nicht genug Wittenbergisch Bier getrunken«: Alltagsleben zur Zeit Martin Luthers. Wittenberger Sonntagsvorlesungen des Evangelischen Predigerseminars, Wittenberg: Drei-Kastanien-Verlag 2001

Stefan Oehmig, Wittenberg als Universitäts- und Studentenstadt, in: Sonntagsvorlesungen des Evangelischen Predigerseminars Wittenberg. Hrsg. v. Peter Freybe, 2002: Wittenberg als Bildungszentrum 1502-2002. Lernen und Leben auf Luthers Grund und Boden, Wittenberg: Drei-Kastanien-Verlag 2002

Otto Oppermann, Das kursächsische Amt Wittenberg im Anfang des 16. Jahrhunderts, dargestellt auf Grund eines Erbbuches von 1513. Inaugural-Dissertation, Leipzig: Verlag Duncker & Humblot 1897

Karl Pallas, Die Registraturen der Kirchenvisitationen im ehemals sächsischen Kurkreise. 1. Teil: Die Ephorien Wittenberg, Kemberg und Zahna, Geschichtsquellen der Provinz Sachsen und angrenzender Gebiete. 41. Band, Halle: Verlag Otto Henkel 1906

Reichhardt, Luther im Kirchenkreise Kemberg. Vortrag, gehalten auf dem 2. Kirchentag zu Kemberg am 22. April 1928

Von wirksamen Kräutern und gepresstem Pferdemist. Melanchthon-Geburtstag: Einen bislang wenig beachteten Aspekt beleuchtete Stefan Rhein in einem Vortrag von Karina Blüthgen, Mitteldeutsche Zeitung. Ausgabe Wittenberg 18. Februar 2009

Burkhart Richter, Wittenberger Röhrwasser – ein technisches Denkmal aus dem 16. Jahrhundert, sowie Wasserversorgung Wittenbergs von früher bis heute, in: Schriftenreihe des Stadtgeschichtlichen Zentrums Wittenberg, Heft 13

Joachim Rogge u.a., Philipp Melanchthon. Eine Gabe zu seinem 400. Todestag. Berlin: Evangelische Verlagsanstalt 1960

Werner Schade, Die Malerfamilie Cranach, Dresden: Verlag der Kunst, 1974

Bernd Scharff, Der Garten im Wandel der Zeiten, akzent Nr. 69, Leipzig, Berlin und Jena: Urania-Verlag 1984

Uwe Schirmer, Alltag, Armut und soziale Not in der ländlichen Gesellschaft - Beobachtungen aus dem kursächsischen Amt (1485–1547), in: Stefan Oehmig (Hrsg.), Medizin und Sozialwesen in Mitteldeutschland zur Reformationszeit, Schriften der Stiftung der Luthergedenkstätten in Sachsen-Anhalt 6, Leipzig: Evangelische Verlagsanstalt 2007

Uwe Schirmer, Kursächsische Staatsfinanzen (1456–1656), Strukturen, Verfassung, Funktionseliten. Quellen und Forschungen zur sächsischen Geschichte. Band 28, Verlag der Sächsischen Akademie der Wissenschaften zu Leipzig 2006

Gerlinde Schlenker, Die Lage der Bauern in den Dörfern des Amtes Wittenberg und das Verhältnis zwischen Bauern und Amtmann auf den
zum Amt gehörenden Vorwerken Pratau und Bleesern. Untersucht
am Erbbuch des Amtes Wittenberg, in: 700 Jahre Wittenberg. Stadt,
Universität, Reformation. Im Auftrage der Lutherstadt Wittenberg
hrsg. v. Stefan Oehmig, Weimar: Verlag Hermann Böhlaus Nachfolger

Martin Schmidt, Luthers Predigt und unsere Predigt heute. In: Luther.
Zeitschrift der Luther-Gesellschaft 1970, Heft 2

Christof Schubart, Luther und die Jagd mit besonderer Beziehung auf die
Jagdgebiete rund um Wittenberg, in: Luther. Mitteilungen der Luther-
Gesellschaft, 1920, Heft 3 und 4

Ernst Schubert, Essen und Trinken im Mittelalter, Primus Verlag Sonderausgabe 2010

Ernst Schubert, Der Wald: wirtschaftliche Grundlage der spätmittelalter-
lichen Stadt, in: Mensch und Umwelt im Mittelalter, hrsg. v. Bernd
Herrmann, Köln: Komet-Verlag, o.J. (1985)

Hans-Jochen Seidel, Das Vorratsverzeichnis der Stadt Wittenberg vom
Jahre 1581. Ein historisch-quellenkundlicher Beitrag zur Stadtgeschichte,
in: Ekkehard. Familien- und regionalgeschichtliche Forschungen, Neue
Folge 8, 2001, Heft 3

Johann Karl Seidemann, Luthers Grundbesitz, in: Zeitschrift für die historische Theologie, Jg. 1860, IV. Heft

Johann Karl Seidemann, Luthers Hausrechnung, nebst zwei Briefen. In:
Zeitschrift für historische Theologie, Jg. 1846, S. 411-421

Max Senf, 500 Jahre Geschichte der Schuhmacher-Innung Lutherstadt
Wittenberg. Festgabe zur Feier am 22. Juni 1924. Auf Veranlassung
der Innung zusammengestellt

Carl Anders Skriver, Der Weihnachtsbaum. Geschichte und Sinndeutung,
München: Starczewski Verlag 1966

Fritz Stoy, Friedrich des Weisen Hoflager in Lochau in seinem letzten Lebens-
jahre, in: Forschung und Leben. Heimatblätter des Schönbergbundes.
Arbeitsgemeinschaft für Heimatpflege im Regierungsbezirk Merseburg.
Heft 5 und 6, Halle, Karras & Koennecke Verlag, 2. Jahrgang, 1928

Karl Josef Strank und Jutta Meurers-Balke (Hrsg.), »... dass man ein Kraut
im Garten habe ...« Obst, Gemüse und Kräuter Karls des Großen,
Mainz: Verlag Philipp von Zabern, 2008

Martin Treu, Johannes Bugenhagens Augenzeugenbericht über die Ereignisse des Schmalkaldischen Krieges in Wittenberg 1547 – Eine Auswahl mit Kommentar, in: »es erstattet doch nimmer ein Sieg, was verloren wird durch den Krieg!« Schriftenreihe der Lutherhalle Wittenberg, Heft 2, 1986

Martin Treu, Martin Luther und die Tiere. Eine Textsammlung aus Luthers Tischreden, Briefen und Schriften, Stiftung Luthergedenkstätten in Sachsen-Anhalt 2004

Arina Völker, Naturwissenschaftliche Erkenntnisse des 16. Jahrhunderts im publizistischen Werk von Saalfelder Absolventen der Leucorea, in: Medizin und Naturwissenschaften in der Wittenberger Reformationsära, Hrsg. v. Wolfram Kaiser und Arina Völker, Wissenschaftliche Beiträge der Martin-Luther-Universität Halle-Wittenberg 82/7 T 45, 1982

Günther Wartenberg (Hrsg.), Martin Luther. Briefe. Eine Auswahl, Leipzig: Insel-Verlag 1983

Wittenbergsches Wochenblatt zum Aufnehmen der Naturkunde und des ökonomischen Gewerbes auf das Jahr 1777, 10. Band, Wittenberg: Karl Christian Dürr

Theodor Wotschke, Der erste botanische Garten in Wittenberg, in: Max Senf (Hrsg.), Heimatkalender für den Kreis und die Stadt Wittenberg auf das Jahr 1922

Quellennachweis

1. Luther. Weimarer Ausgabe Briefe Band 4 (WABr. 4), S. 89 (Nr. 1019); Theodor Knolle, Luther über seinen Garten, in: Luther. Mitteilungen der Luther-Gesellschaft, 1920, Heft 3 und 4, S. 59.

2. H. Borchert und Georg Merz (Hrsg.), Martin Luther. Ausgewählte Werke, 2., veränderte Auflage, 7. Band: Tischreden, München 1938, S. 365 Nr. 615.

3. Johann Karl Seidemann, Luthers Grundbesitz, in: Zeitschrift für die historische Theologie, Jg. 1860, IV. Heft, S. 498.

4. Johann Karl Seidemann, Luthers Hausrechnung, nebst zwei Briefen. In: Zeitschrift für historische Theologie, Jg. 1846, S. 411–421.

5. Fritz Bünger / Gottfried Wentz, Das Bistum Brandenburg, in: Kaiser-Wilhelm-Institut für Deutsche Geschichte (Hrsg.), Germania Sacra. Die Bistümer der Kirchenprovinz Magdeburg. Band 3, Berlin 1941, S. 455.

6. A. a. O., S. 453f.

7. Karl Pallas, Die Registraturen der Kirchenvisitationen im ehemals sächsischen Kurkreise. 1. Teil: Die Ephorien Wittenberg, Kemberg und Zahna, Geschichtsquellen der Provinz Sachsen und angrenzender Gebiete. 41. Band, Halle 1906, S. 99f.

8. Erwin Mühlhaupt, D. Martin Luthers Evangelien-Auslegung. 1. Teil Die Weihnachts- und Vorgeschichten bei Matthäus und Lukas, Göttingen 1951, S. 28.

9. WA 24, S. 13f.

10. Beatrice Frank, Luther und Geld. Luthers Wirtschaftsethik in Theorie und Praxis, in: Luther. Zeitschrift der Luther-Gesellschaft, Heft 2, Göttingen 2009, 80. Jahrgang, S. 20 Anm. 53, nach WA. B 4, Nr. 1040; Karl Josef Strank und Jutta Meurers-Balke (Hrsg.), »... dass man ein Kraut im Garten habe ...« Obst, Gemüse und Kräuter Karls des Großen, Mainz 2008, S. 334ff.

11. Günther Wartenberg (Hrsg.), Martin Luther. Briefe. Eine Auswahl, Leipzig 1983, S. 129f.

12. Johann Karl Seidemann, Luthers Grundbesitz, in: Zeitschrift für die historische Theologie, Jg. 1860, IV. Heft, S. 514.

13. Tibor Fabiny, Martin Luthers letzter Wille. Das Testament des Reformators und seine Geschichte, Berlin 1983, S. 22.

14. Karl Josef Strank und Jutta Meurers-Balke (Hrsg.), »... dass man ein Kraut im Garten habe...«.

15. Bernd Scharff, Der Garten im Wandel der Zeiten, akzent Nr. 69, Leipzig, Berlin und Jena 1984, S. 67.

16. Helmut Birkhan, Pflanzen im Mittelalter. Eine Kulturgeschichte. Wien, Köln und Weimar: Böhlau Verlag 2012, S. 210.

17. Günther Wartenberg (Hrsg.), Martin Luther. Briefe, S. 129f.

18. Theodor Knolle, Luther über seinen Garten, S. 60.

19. Johannes Coler, Calendarium Oeconomicvm & perpetuum. Vor die Haußwirt, Ackerleut, Apotecker vnd andere gemeine Handwercksleut, Kaufleut, Wanderßleut, Weinherrn, Gertner vnd alle die jenige so mit Wirtschafft vmbgehen. .... Wittenberg: Christoff Axin 1591, S. F2b.

20. WA Br. 4, S. 162.

21. Theodor Knolle, Luther über seinen Garten, S. 59.

22. Johann Karl Seidemann, Luthers Grundbesitz, S. 498.

23. WA Br 4, S. 220 Nr. 1120; deutsch in: Walch XXIa, Spalte 984 Nr. 1098.

24. Hans Haupt, Die Erfurter Kunst- und Handelsgärtnerei in ihrer geschichtlichen Entwicklung und wirtschaftlichen Bedeutung dargestellt, Abhandlungen des staatswissenschaftlichen Seminars Jena, hrsg. v. Pierstorff, Jena 1908, S. 40.

25. Theodor Knolle, Luther über seinen Garten, S. 59.

26. Haupt, S. 40.

27. Karl Josef Strank und Jutta Meurers-Balke (Hrsg.), »... dass man ein Kraut im Garten habe...«.

28. Hansjörg Küster, Geschichte der Landschaft in Mitteleuropa. Von der Eiszeit bis zur Gegenwart, 4., vollständig überarbeitete und aktualisierte Ausgabe, München 2010, S. 298.

29. Johann Karl Seidemann, Luthers Grundbesitz, S. 501.

30. WA Br 4, S. 176 Nr. 1088.

31. Johann Karl Seidemann, Luthers Grundbesitz, S. 499.

32. Georg Buchwald, Lutherana. Notizen aus Rechnungsbüchern des Thüringischen Staatsarchivs Weimar, in: ARG 25, Leipzig 1928, S. 43

33. Martin Schmidt, Luthers Predigt und unsere Predigt heute. In: Luther. Zeitschrift der Luther-Gesellschaft 1970, Heft 2, S. 72f.

34. WA Tr 5, Nr. 5434.

35. H.H. Borchert und Georg Merz (Hrsg.), Martin Luther, Ausgewählte Werke, 2., veränderte Auflage, 7. Band: Tischreden, München 1938, S. 363 Nr. 612.

36. WA TR 2, 1995.

37. Helmar Junghans, »Wittenberg, die kleine Stadt, einen großen Namen itzund hat ...« Wittenberg als Umwelt für Luthers Alltag, in: Peter Freybe (Hrsg.), »Gott hat noch nicht genug Wittenbergisch Bier getrunken.« Alltagsleben zur Zeit Martin Luthers, Wittenberger Sonntagsvorlesungen. Evangelisches Predigerseminar 2001, Wittenberg 2001, S. 17, 28 nach: WA Br 7, 316, 14f. (2267).

38. Otto Krack, Lutherbriefe. Martin Luther als Mensch in seinen Briefen, Berlin 1910, S. 136.

39. Johann Karl Seidemann, Luthers Grundbesitz, S. 522.

40. A. a. O., S. 524.

41. A. a. O., S. 525.

42. Martin Treu, Johannes Bugenhagens Augenzeugenbericht über die Ereignisse des Schmalkaldischen Krieges in Wittenberg 1547 – Eine Auswahl mit Kommentar, in: »es erstattet doch nimmer ein Sieg, was verloren wird durch den Krieg!« Schriftenreihe der Lutherhalle Wittenberg, Heft 2, 1986, S. 55.

43. Erasmus Alberus, Ein Dialogus oder Gespräch etlicher Personen vom Interim ... 1548, in: Seidemann, Zur Reformationsgeschichte, in: Theologische Studien und Kritiken, H. 1, Gotha 1875, 558f.

44. Alexandra Dapper, Zu Tisch bei Martin Luther, Hrsg. v. Harald Meller, Landesamt für Denkmalpflege und Archäologie in Sachsen-Anhalt, Halle 2008, S. 30ff.

45. Beatrice Frank, Luther und Geld. Luthers Wirtschaftsethik in Theorie und Praxis, in: Luther. Zeitschrift der Luther-Gesellschaft, Heft 2, Göttingen 2009, 80. Jahrgang, S. 23 Anm. 82, nach: WA. TR 5 Nr. 5349 (1540).

46. Christof Schubart, Luther und die Jagd mit besonderer Beziehung auf die Jagdgebiete rund um Wittenberg, in: Luther. Mitteilungen der Luther-Gesellschaft, 1920, Heft 3 und 4, S. 44.

47. Johann Karl Seidemann, Luthers Grundbesitz, S. 520.

48. Johannes Coler, Calendarium, S. C4b.

49. Hans-Jürgen Döhle, in: Harald Meller (Hrsg.), Fundsache Luther. Archäologen auf den Spuren des Reformators. Begleitband zur Landesausstellung, Landesamt für Denkmalpflege und Archäologie Sachsen-Anhalt, 2008, S. 246.

50. Johann Karl Seidemann, Luthers Grundbesitz, S. 515f.

51. Walter Friedensburg, Urkundenbuch der Universität Wittenberg. Teil 1 (1502-1611), Historische Kommission für die Provinz Sachsen und für Anhalt, Magdeburg 1926, Nr. 188.

52. Cordatus im Frühjahr 1534, in: WA Tr. 3, S. 304 Nr. 3395c.

53. Ernst Schubert, Essen und Trinken im Mittelalter, Primus Verlag Sonderausgabe 2010, S. 126.

54. Martin Luther, (Rörer- und Lauterbach-Nachschriften der Predigten vom 23. und 24.6.1529), in: WA 29; Erwin Mühlhaupt, D. Martin Luthers Evangelien-Auslegung. 1. Teil Die Weihnachts- und Vorgeschichten bei Matthäus und Lukas, Göttingen 1951, S. 54.

55. Rainer Hambrecht, Eintragungen in den kursächsischen Rechnungsbüchern zu Wittenberger Reformatoren und Georg Spalatin von 1519 bis 1553, Mit einem Kommentar von Helmar Junghans, Teil 2, in: Luther-Jahrbuch 1989, S. 70.

56. Alexandra Dapper, Zu Tisch bei Martin Luther, S. 27f. Rezept 13.

57. WA Tr. 3, S. 301f. Nr. 3390.

58. Martin Treu, Martin Luther und die Tiere. Eine Textsammlung aus Luthers Tischreden, Briefen und Schriften, Stiftung Luthergedenkstätten in Sachsen-Anhalt 2004, S. 41, Nach WA Tr, S. 300 Nr. 3390b.

59. A. a. O., S. 41f., Nach WA Tr, S. 26 Nr. 6538.

60. Johann Karl Seidemann, Luthers Grundbesitz, S. 529.

61. Günther Wartenberg (Hrsg.), Martin Luther. Briefe. Eine Auswahl, S. 301.

62. Georg Buchwald, Luther-Kalendarium, in: Schriften des Vereins für Reformationsgeschichte, Jg. 47, H.2 (Nr. 147), 2., durchgesehene Auflage, Leipzig 1929, S. 20.

63. A. a. O., S. 40.

64. Friedrich Küchenmeister, Dr. Martin Luthers Krankengeschichte. Mit erläuternden Bemerkungen aus seinem Leben, Lebensweise, Schicksalen, Kämpfen und Wirken für Ärzte und Laien zusammengestellt, Leipzig 1881, S. 113.

65. Georg Buchwald, Luther-Kalendarium, S. 140.

66. Joachim Rogge u. a., Philipp Melanchthon. Berlin 1960, S. 52, nach: Melanchthon, Über Gesetze, 1525, CR XI, S. 72.

67. Friedrich Küchenmeister, Dr. Martin Luthers Krankengeschichte, S. 39f.

68. Christof Schubart, Luther und die Jagd, S. 21.

69. Ebenda, S. 54.

70. Ebenda, S. 45.

71. Uwe Schirmer, Kursächsische Staatsfinanzen (1456–1656). Strukturen, Verfassung, Funktionseliten. Quellen und Forschungen zur sächsischen Geschichte. Band 28, Leipzig 2006, S. 445, 446 Anm. 1350.

72. Hans-Jürgen Döhle, in: Harald Meller (Hrsg.), Fundsache Luther, S. 246.

73. Friedrich Küchenmeister, Dr. Martin Luthers Krankengeschichte, S. 113.

74. Tim Klein, Luther – Deutsche Briefe, Schriften, Lieder, Tischreden, München: Wilhelm Langewiesche-Brandt, 1917, S. 143–146.

75. Martin Luther, Fastenpostille 1525, nach einer Predigt am 11.1.1523, in: WA 17 II; Erwin Mühlhaupt, D. Martin Luthers Evangelien-Auslegung, S. 286.

76. WA Tr. 3, S. 323 Nr. 3458.

77. WA 24, S. 39.

78. WA 24, S. 41.

79. Ebd.

80. WA 24, S. 44.

81. WA 24, S. 46.

82. WA 32, S. 464.

83. WA 24, S. 47.

84. WA 24, S. 5.

85. WA 24, S. 68 (eingedeutscht notiert).

86. WA 24, S. 69.

87. Luther am Abend des 1. Weihnachtsfeiertages 25.12.1538; WA Tr. 4201.

88. Von wirksamen Kräutern und gepresstem Pferdemist. Melanchthon-Geburtstag: Einen bislang wenig beachteten Aspekt beleuchtete Stefan Rhein in einem Vortrag, Karina Blüthgen, in: Mitteldeutsche Zeitung vom 18. Februar 2009.

89. Stier, Inschriften, S. 98f. Nr. 80.

90. Johann Karl Seidemann, Luthers Grundbesitz, S. 14 und 170.

91. Karl-Heinz Lange, Zur Geschichte des Medizinwesens im 16. Jahrhundert in Torgau (Mit Bezügen zur Stadtgeschichte und Ausblick ins 17. Jahrhundert), Torgau 1997, S. 17 und 19f.

92. Arina Völker, Naturwissenschaftliche Erkenntnisse des 16. Jahrhunderts im publizistischen Werk von Saalfelder Absolventen der Leucorea, in: Medizin und Naturwissenschaften in der Wittenberger Reformationsära, Hrsg. v. Wolfram Kaiser und Arina Völker, Wissenschaftliche Beiträge der Martin-Luther-Universität Halle-Wittenberg 82/7 T 45, 1982, S. 175f.

93. A. a. O., S. 172.

94. Otto Beßler, Valerius Cordus und der medizinisch-botanische Unterricht, in: 450 Jahre Martin-Luther-Universität Halle-Wittenberg, Band 1, Wittenberg 1502–1617, S. 331, 193.

95. Gottfried Krüger, Wie sah die Stadt Wittenberg zu Luthers Lebzeiten aus?, in: Luther. Zeitschrift der Luther-Gesellschaft 15, 1933, S. 13–32.

96. Andreas Meinhardi, Über die Lage, die Schönheit und den Ruhm der hochberühmten, herrlichen Stadt Albioris, gemeinhin Wittenberg genannt. Ein Dialog, hrsg. für diejenigen, die ihre Lehrzeit in den edlen Wissenschaften beginnen ... Übersetzung, Einleitung, Anmerkungen von Martin Treu, Spröda: Edition Akanthus, 2008, S. 182f., 183 Anm. 14: Vorkommen an Bären und Wölfen bis ins 17. Jahrhundert »gut bezeugt«.

97. Elke Strauchenbruch, Luthers Wittenberg, Leipzig 2013.

98. Otto Oppermann, Das kursächsische Amt Wittenberg im Anfang des 16. Jahrhunderts, dargestellt auf Grund eines Erbbuches von 1513. Inaugural-Dissertation, Leipzig 1897, S. 35 Tabelle B.

99. Uwe Schirmer, Kursächsische Staatsfinanzen (1456–1656), S. 296.

100. Otto Oppermann, Das kursächsische Amt Wittenberg, S. 24.

101. Thomas Lang, Der Kurfürst zu Besuch in seiner Residenz: Nutzung und Ausbau der Wittenberger Residenz in der Zeit von 1485-1510, in: Wittenberg-Forschungen. Band 1: Das ernestinische Wittenberg. Universität und Stadt (1486-1547). Hrsg. v. Heiner Lück, Enno Bünz, Leonhard Helten, Dorotée Sack und Hans-Georg Stephan im Auftrage der Stiftung Leucorea, Petersberg 2011, S. 111.

102. Ernst Schubert, Essen und Trinken im Mittelalter, Darmstadt 2010, S. 98.

103. A. a. O., S. 102.

104. Thomas Lang, Nur Stroh und Lehm?– Baulichkeit und Nutzung des Wittenberger Schlosses (Teil 1), S. 279f.

105. Manfred Straube, Der Warenverkehr auf dem Ober- und Mittellauf der Elbe zwischen Pirna und Wittenberg zu Beginn der frühen Neuzeit, in: Wirtschaftshistorische Studien. Festgabe für Othmar Pickl, hrsg. v. Karl Hardach, Frankfurt a. M. 2007, S. 235.

106. Karl Jüngel, Unser Heimatstrom. Die Elbe und die Umgebung Wittenbergs - einst und jetzt. Schriftenreihe des Stadtgeschichtlichen Museums Wittenberg Heft 9, 1984, S. 90.

107. Rüdiger Glaser, Klimageschichte Mitteleuropas: 1000 Jahre Wetter, Klima, Katastrophen. Darmstadt 2001, S. 98f.

108. Uwe Schirmer, Alltag, Armut und soziale Not in der ländlichen Gesellschaft – Beobachtungen aus dem kursächsischen Amt (1485–1547), in: Stefan Oehmig (Hrsg.), Medizin und Sozialwesen in Mitteldeutschland zur Reformationszeit, Schriften der Stiftung der Luthergedenkstätten in Sachsen-Anhalt 6, Leipzig 2007, S. 126 Anm. 53.

109. Antonia Brauchle, Kelleranlagen des 13. bis 18. Jahrhunderts in Wittenberg: Bauliche Struktur und Nutzung, in: Wittenberg-Forschungen, S. 99.

110. Johann Karl Seidemann, Luthers Grundbesitz, S. 488.

111. Hermann Kesten, Copernicus und seine Welt. Biografie, München 1953, 277ff.

112. Günther Wartenberg (Hrsg.), Martin Luther. Briefe. Eine Auswahl, S. 171.

113. Gustav Kawerau, Luthers Rückkehr von der Wartburg nach Wittenberg, in: Neujahrsblätter. Hrsg. von der Historischen Kommission der Provinz Sachsen 26, Halle: Verlag Otto Hendel 1902, S. 46.

114. Friedrich Küchenmeister, Dr. Martin Luthers Krankengeschichte, S. 95.

115. Fritz Bünger / Gottfried Wentz, Das Bistum Brandenburg, S. 385.

116. Stefan Oehmig, Kriminalität und Alltag im Wittenberg, in: »Gott hat noch nicht genug Wittenbergisch Bier getrunken«: Alltagsleben zur Zeit Martin Luthers. Wittenberger Sonntagsvorlesungen des Evangelischen Predigerseminars, Wittenberg 2001, S. 79f.

117. Ronny Kabus, Die Entwicklung der Universitätsstadt Wittenberg unter kommunal hygienischem Aspekt, in: Medizin und Naturwissenschaften in der Wittenberger Reformationsära, hrsg. v. Wolfram Kaiser und Arina Völker, Wissenschaftliche Beiträge der Martin-Luther-Universität Halle-Wittenberg 82/7 T 45, 1982, S. 86.

118. A. a. O., S. 86f., nach: Walter Friedensburg (Hrsg.), Urkundenbuch der Universität Wittenberg, Band 1, Magdeburg 1926.

119. Alltag im Spätmittelalter, hrsg. v. Harry Kühnel mit Beiträgen von Helmut Hundsbichler, Gerhard Jaritz, Harry Kühnel und Elisabeth Vavra, 3. Auflage, Graz, Wien und Köln 1986, S. 60.

120. Ich folge: Ronny Kabus, Die Entwicklung der Universitätsstadt Wittenberg, S. 86ff.

121. A. a. O., S. 90, nach: J. G. Walch, Dr. Martin Luthers sämtliche Schriften, St. Louis 1880–1910.

122. Johann Karl Seidemann, Luthers Grundbesitz, S. 524 Anm. 72.

123. C.A.H. Burkhardt (Hrsg.), Ernestinische Landtagsakten, Band 1 Die Landtage von 1487 bis 1532, in: Thüringische Geschichtsquellen. N. F. Band 5, Jena 1902, S. 237 und 250.

124. Ronny Kabus, Die Entwicklung der Universitätsstadt Wittenberg, S. 86.

125. Heinrich Kühne, Die privilegierten Ziegen der Katharina Melanchthon, in: Natur und Heimat, 9. Jg. Heft 4, April 1960, S. 183.

126. Ich folge: Burkhart Richter, Wittenberger Röhrwasser – ein technisches Denkmal aus dem 16. Jahrhundert, sowie Wasserversorgung Wittenbergs von früher bis heute, in: Schriftenreihe des Stadtgeschichtlichen Zentrums Wittenberg, Heft 13.

127. RatsArchiv RA Wittenberg: Der Chur Stadt Wittenberg Urbarii II. Teil von denen Cämerey-Renthen und Einkünften ... Band 1, Bc 4 = Nr. 7 (= Abschriften), S. 280, 280b, 281.

128. Heinrich Heubner, Die Stadt Wittenberg und die Universität, in: 450 Jahre Martin Luther-Universität Halle-Wittenberg. Band 1: Wittenberg 1502-1817 (Hrsg. v. Leo Stern), 1952, S. 152.

129. Max Senf, 500 Jahre Geschichte der Schuhmacher-Innung Lutherstadt Wittenberg. Festgabe zur Feier am 22. Juni 1924. Auf Veranlassung der Innung zusammengestellt, S. 18.

130. RA Wittenberg: Der Chur Stadt Wittenberg Urbarii II. Teil von denen Cämerey-Renthen und Einkünften ... Band 1, Bc 4 = Nr. 7 (= Abschriften), S. 209, 209b bis 210; Vertrag erwähnt in: Insa Christiane Hennen, Universität und Stadt: Einwohner, Verdichtungsprozesse, Wohnhäuser, in: Wittenberg-Forschungen. Band 1, S. 144.

131. RA Wittenberg: Der Chur Stadt Wittenberg Urbarii II. Teil von denen Cämerey-Renthen und Einkünften ... Band 1, Bc 4 = Nr. 7 (= Abschriften), S. 265f.

132. Ernst Schubert, Essen und Trinken im Mittelalter, S. 177.

133. Thomas Lang, Der Kurfürst zu Besuch in seiner Residenz, 2011, S. 109f.

134. Johann Karl Seidemann, Luthers Grundbesitz, S. 520.

135. A. a. O., S. 520 Anm. 64.

136. Werner Schade, Die Malerfamilie Cranach, Dresden 1974, S. 404 Nr. 54

137. Fritz Stoy, Friedrich des Weisen Hoflager in Lochau in seinem letzten Lebensjahre, in: Forschung und Leben. Heimatblätter des Schönbergbundes. Arbeitsgemeinschaft für Heimatpflege im Regierungsbezirk Merseburg. Heft 5 und 6, 2. Jahrgang, Halle 1928, S. 285.

138. Ronny Kabus, Die Entwicklung der Universitätsstadt Wittenberg, S. 90.

139. WA Br. 7, S. 91.

140. Johann Karl Seidemann, Luthers Grundbesitz, S. 480f.

141. Insa Christiane Hennen, Universität und Stadt: Einwohner, Verdichtungsprozesse, Wohnhäuser, S. 144.

142. RA Wittenberg: Der Chur Stadt Wittenberg Urbarii II. Teil von denen Cämerey-Renthen und Einkünften ... Band 1, Bc 4 = Nr. 7 (= Abschriften), S. 327, 338b (1987/3/126).

143. Karl Eduard Förstemann, Willkür und die Statuten der Stadt Wittenberg – Vorzeichnus etzlicher sonderbaren gebreuche, ..., in: Neue Mitteilungen aus dem Gebiete historisch-antiquarischer Forschungen, Bd. 6 (1842), 3, S. 49f.

144. Johann Karl Seidemann, Luthers Grundbesitz, S. 518.

145. Georg Buchwald, Wittenberger Stadt- und Universitätsgeschichte, Charleston, SC 2010 (Leipzig 1893), S. 16f. Nr. 18.

146. Stefan Oehmig, Wittenberg als Universitäts- und Studentenstadt, in: Sonntagsvorlesungen des Evangelischen Predigerseminars Wittenberg. Hrsg. v. Peter Freybe, 2002: Wittenberg als Bildungszentrum 1502–2002. Lernen und Leben auf Luthers Grund und Boden, Wittenberg 2002, S. 45.

147. Beatrice Frank, Luther und Geld. S. 20 Anm. 48, nach WA Br. 8, Nr. 3300.

148. Andreas Meinhardi, Über die Lage, die Schönheit und den Ruhm, S. 183.

149. Ernst Schubert, Essen und Trinken im Mittelalter, S. 111f.

150. Stefan Oehmig, Wittenberg als Universitäts- und Studentenstadt, S. 44.

151. Ernst Schubert, Essen und Trinken im Mittelalter, S. 111f.

152. Hans-Jochen Seidel, Das Vorratsverzeichnis der Stadt Wittenberg vom Jahre 1581. Ein historisch-quellenkundlicher Beitrag zur Stadtgeschichte, in: Ekkehard. Familien- und regionalgeschichtliche Forschungen, Neue Folge 8, 2001, Heft 3.

153. Max Senf, 500 Jahre Geschichte der Fleischer-Innung Festgabe zur Feier am 10. Mai 1925. Auf Veranlassung der Innung zusammengestellt, S. 42f.

154. Martin Luther, AT (Rörer-Nachschrift der Vor- und Nachmittagspredigt vom 5.1.1528), in: WA 27; Erwin Mühlhaupt, D. Martin Luthers Evangelien-Auslegung, S. 39.

155. Wittenbergsches Wochenblatt zum Aufnehmen der Naturkunde und des ökonomischen Gewerbes auf das Jahr 1777, 10. Band, Wittenberg: Karl Christian Dürr, S. 319.

156. Johannes Coler, Calendarium Oeconomicvm, S. F4.

157. WA 32, S. 462.

158. Wilfried Hansmann, Gartenkunst der Renaissance und des Barock, 2., durchgesehene Auflage, Köln 1988, S. 69f.

159. Andreas Meinhardi, Über die Lage, die Schönheit und den Ruhm, S. 183.

160. Wilfried Hansmann, Gartenkunst der Renaissance und des Barock, S. 70f.

161. Manfred Straube, Wittenberg in den Anfangsjahren der Universität und der Reformation. Wirtschaftliche Herausforderungen und soziale Probleme am Beginn einer neuen Stadtentwicklung, in: 700 Jahre Wittenberg Stadt, Universität, Reformation. Im Auftrage der Lutherstadt Wittenberg hrsg. v. Stefan Oehmig, Weimar: Verlag Hermann Böhlaus Nachfolger, S. 446ff.

162. Uwe Schirmer, Kursächsische Staatsfinanzen (1456–1656), S. 413–415.

163. Ratsarchiv Wittenberg, Sign. 144 (Bc 108) Handels- und Gerichtsbuch 1525–1559, Bl. 432r.

164. WA Tr. 851 (Au).

165. Fritz Stoy, Friedrichs des Weisen Hoflager in Lochau in seinem letzten Lebensjahre, in: Forschung und Leben. Heimatblätter des Schönbergbundes. Arbeitsgemeinschaft für Heimatpflege im Regierungsbezirk Merseburg. Heft 5 und 6, 2. Jahrgang, Halle 1928, S. 288.

166. Uwe Schirmer, Kursächsische Staatsfinanzen (1456–1656), S. 445.

167. Werner Schade, Die Malerfamilie Cranach, S. 437 Nr. 294.

168. Georg Buchwald. Lutherana. S. 43.

169. Karl-Heinz Lange, Zur Geschichte des Medizinwesens im 16. Jahrhundert in Torgau, S. 20f.

170. Theodor Wotschke, Der erste botanische Garten in Wittenberg, in: Max Senf (Hrsg.), Heimatkalender für den Kreis und die Stadt Wittenberg auf das Jahr 1922, S. 65.